코바늘 & 대바늘로 편안하고 개성있는 니트 뜨기

손뜨개 캐주얼

임현지 지음

예신 Books

책머리에…

50여 년 동안 뜨개질을 해 오신 어머니! 어릴 적 내가 본 어머니는 항상 뜨개질을 하고 계셨다. 그래서인지 초등학교를 다니면서부터 나의 손에는 늘 실과 바늘이 쥐어져 있었다. 그런 내 모습이 싫어서 어머니께서는 뜨개질을 못하게 하였지만 뜨개질에 대한 나의 호기심과 열정은 어느 순간 어머니가 나의 스승님이 되어 계셨다.

손뜨개 옷이라고 하면 드는 투박하고 불편하다는 선입견은 뒤로하고, 여성스럽고 편안한 캐주얼 스타일의 옷을 만들고 싶어 머릿속에 있는 디자인을 내 손으로 한 올 한 올 떠서 입을 때의 뿌듯한 행복감을 느끼며 손뜨개를 하였다. 코바늘과 대바늘을 이용해 나만의 독창적이고 개성적인 캐주얼 니트를 만들어 입는다면 세상에서 하나뿐인 멋진 명품으로 자랑할 수 있을 것이다.

난이도가 높긴 해도 상세한 도면을 참고하여 작품을 뜨게 되면 누구든지 멋진 캐주얼 패션을 내 손으로 만들어 입을 수 있을 것이다. 초보자에게 조금은 과감한 도전일지라도 자신만의 니트 디자인으로 거듭나는 기회를 갖는데 이 책이 좋은 길잡이가 되길 바란다.

끝으로, 책을 펴내는데 많은 도움을 준 모델 원예나 양과 권석태 군에게 고맙다는 인사를 전하고, 이 책이 나올 수 있게 많이 힘써주신 도서출판 **예신** 임직원께도 감사드린다.

임현지 (E-mail : jwy1266@hanmail.net)

Contents

녹두색 면 반팔티 • 7
Mung bean color T-shirt

물빛 반팔 셔츠 • 13
A sky blue half sleeve shirt

무지개 티셔츠 • 19
Rainbow T-shirt

흰색 긴팔 재킷 • 25
The white long sleeve jacket

진회색 반팔 셔츠 • 33
The darkgray half sleeve shirt

연분홍 셔츠 • 39
The light pink shirt

인디안 핑크 볼레로 • 47
Pink Bolero

아이보리 스웨터 • 53
Ivory sweater

손뜨개 캐주얼
차 례

오렌지색 카디건 • 61
Orange color cardigan

밤색 스키 웨어 • 71
Chestnut ski-wear

벽돌색 반코트 • 77
Brick color a half-coat

검은색 남성 점퍼 • 87
Black gentlemen's jumper

자주색 재킷 • 95
The purple jacket

카키색 짚업 재킷 • 101
Khaki color zip-up jacket

아이보리 남자 폴라 셔츠 • 111
Ivory man's polar shirts

완성 치수
66 size

재료와 도구
실 • 녹두색 포시즌
바늘 • 3.5mm 대바늘 1set,
돗바늘, 코바늘 3호

녹두색 면 반팔티
Mung bean color T-shirt

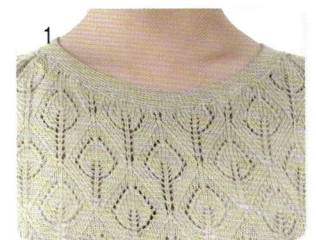

1. 라운드 넥은 코바늘로 벼이랑뜨기 2. 구멍뜨기 몸판 무늬 3. 벨트로 장식된 모습 4. 구멍뜨기 밑단 장식

녹두색 면 반팔티
Mung bean color T-shirt

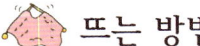 **뜨는 방법**

① 고무뜨기 코만들기로 183코를 놓고 단뜨기 15단을 뜬 후 몸판 무늬뜨기한다.

② 목단은 코바늘 3호로 벼이랑뜨기 7단 뜬다.

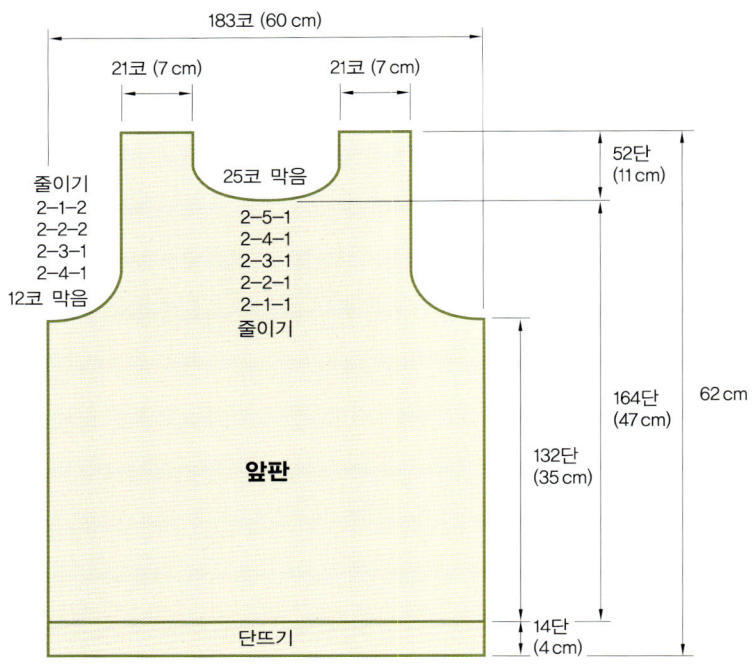

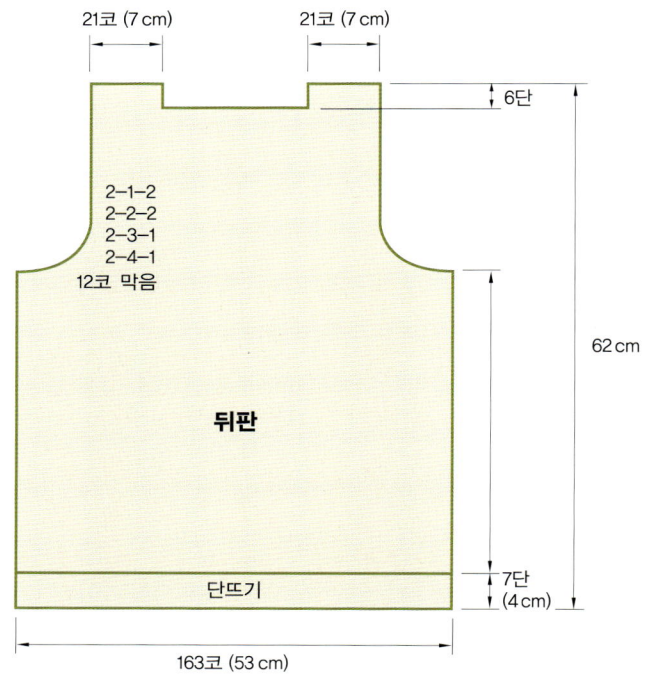

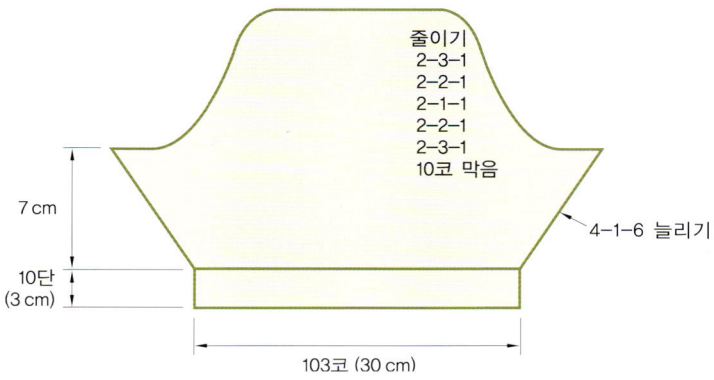

- 단뜨기 무늬 (20코 4단 1무늬)

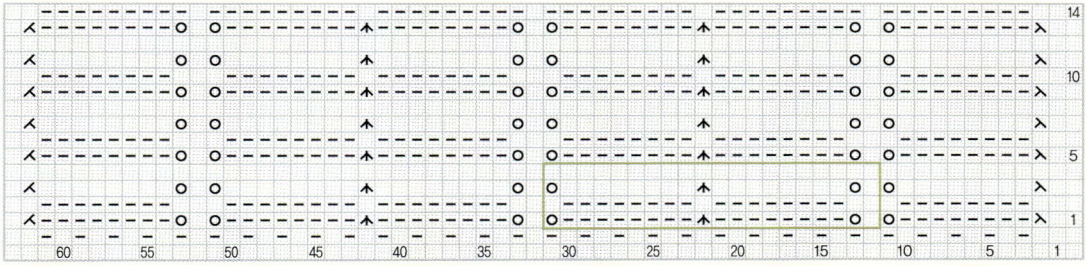

- 무늬 뜨기 (20코 36단 1무늬)

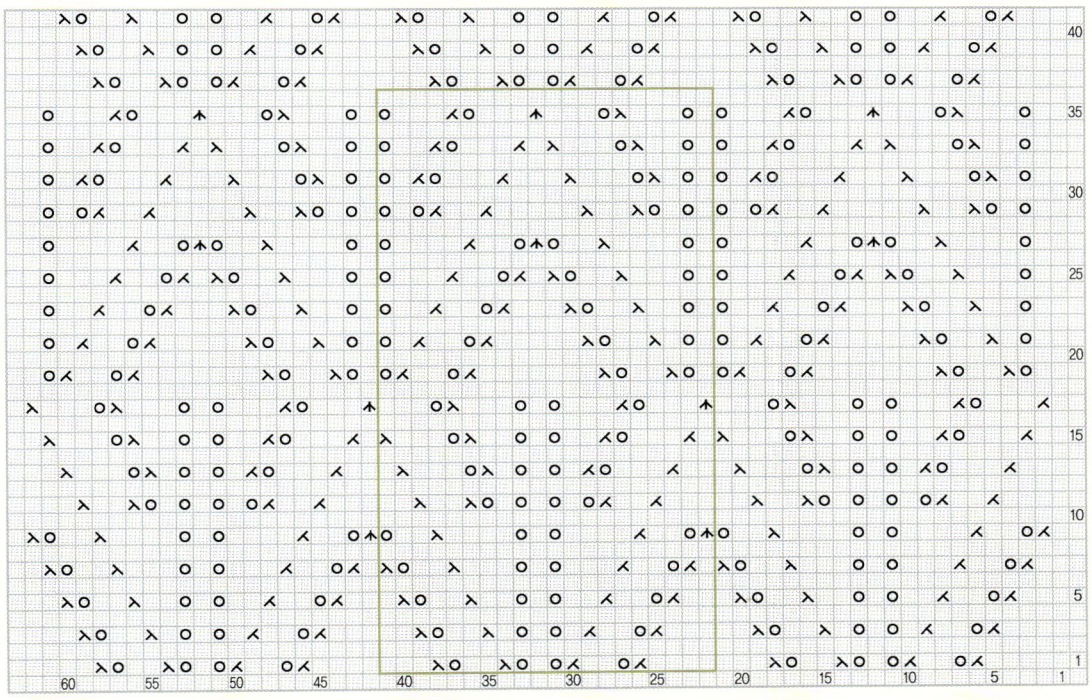

앞 목둘레

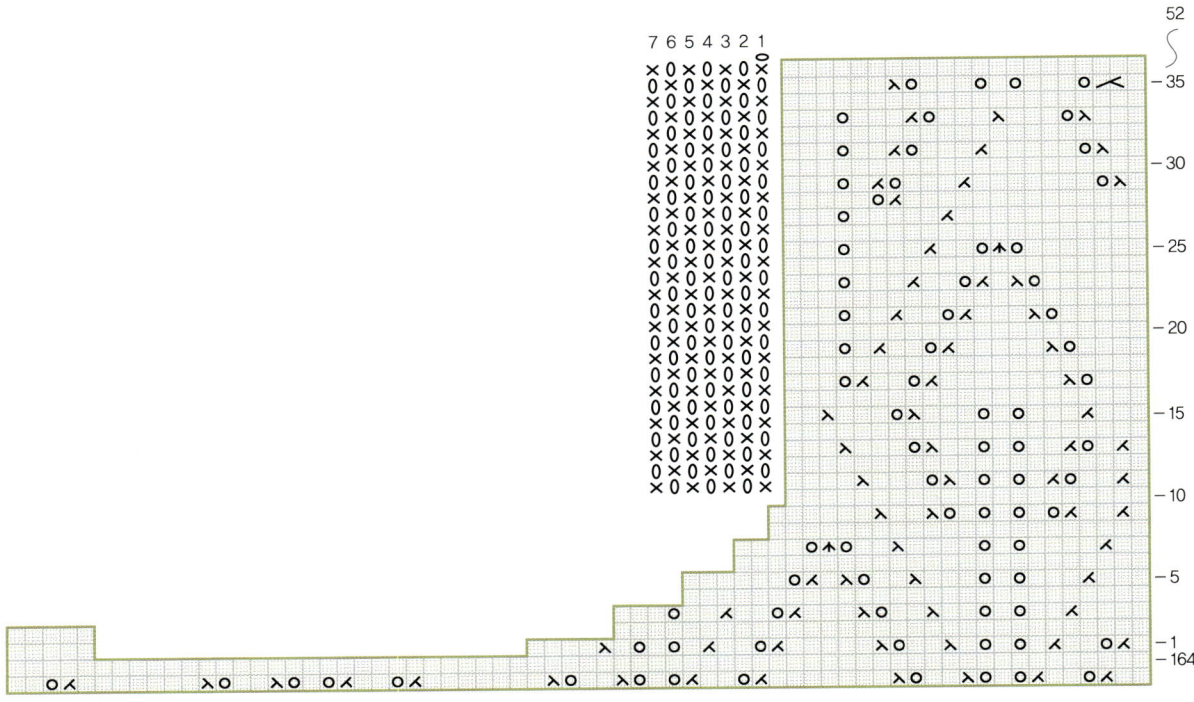

소매둘레

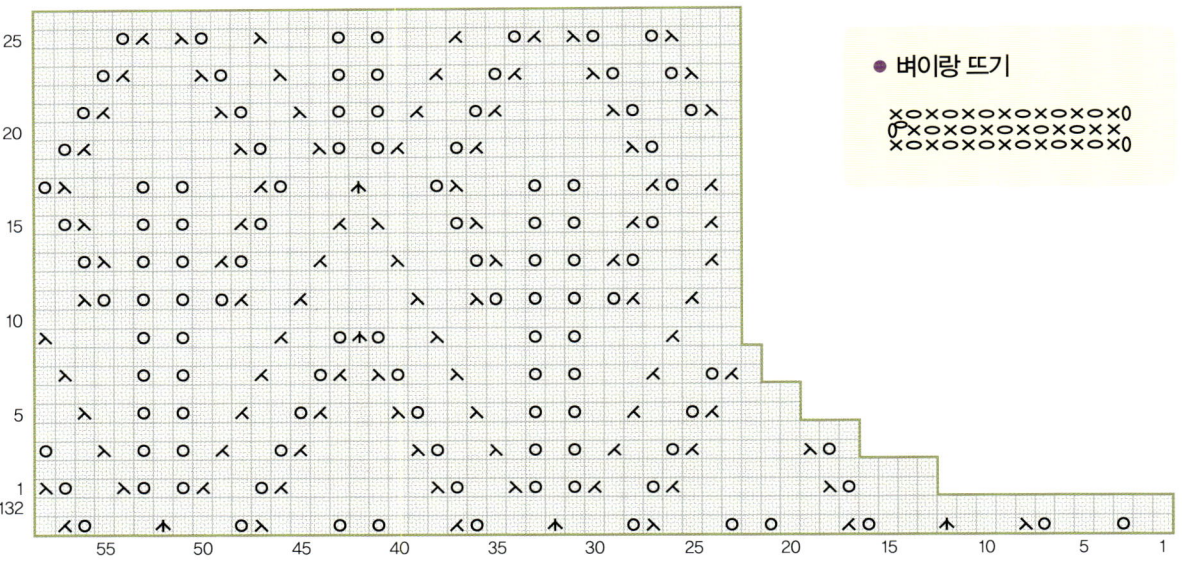

 소매

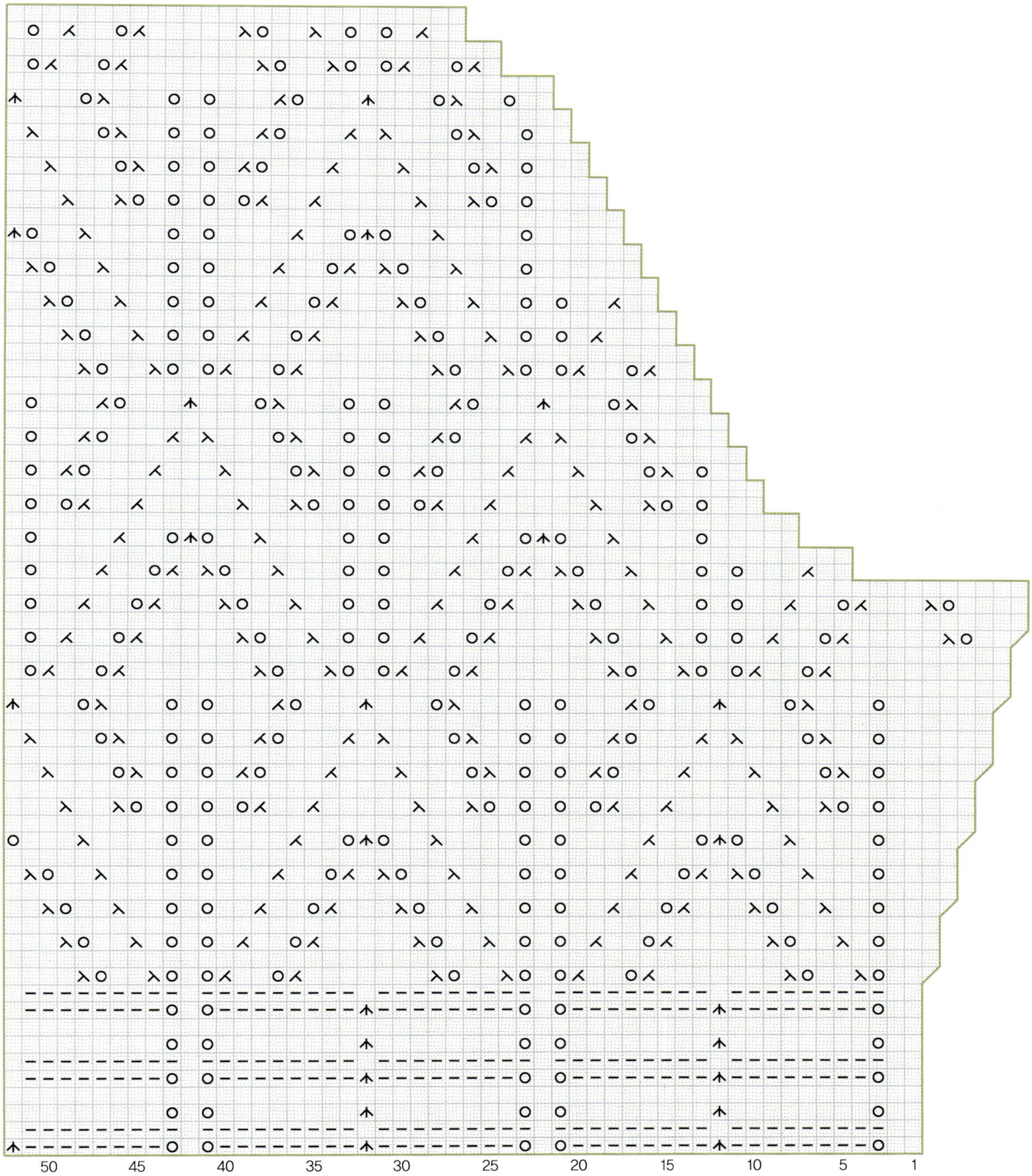

완성 치수
66 size

재료와 도구
실 • 서머울(물빛색)
바늘 • 코바늘 2호

물빛 반팔 셔츠
A sky blue half sleeve shirt

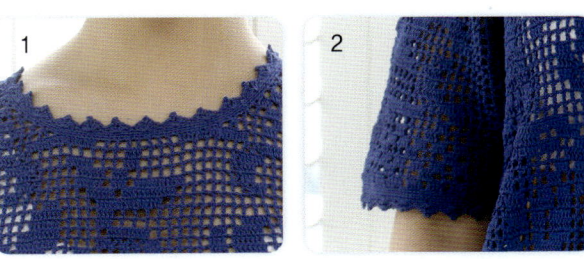

1. 스퀘어 넥 단뜨기 및 앞판 무늬뜨기
2. 반팔 소매 부분 무늬뜨기

물빛 반팔 셔츠
A sky blue half sleeve shirt

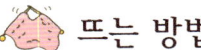 뜨는 방법

1. 뒤판은 사슬 175코를 만들어 도안 1을 참고하여 뜨고, 뒤 목둘레 만들기는 도안 2를 참고한다.

2. 앞판은 사슬 175코를 만들어 도안 1을 참고하여 전체 55단까지 뜨고 앞 목둘레를 만든다. 앞 목둘레는 도안 3을 참고하여 만든다. 앞·뒤판이 완성되면 양어깨와 옆 솔기는 사슬뜨기하여 붙여 준다.

3. 목단은 144코를 만들어 목단 무늬뜨기로 24무늬를 만든다.

4. 밑단은 294코를 만들어 단 무늬뜨기로 49무늬를 만든다.

5. 소매는 사슬 107코를 만들어 도안 4를 참고하여 뜨는데 완성 후 솔기를 붙인 후 밑단은 90코만 만들어 단 무늬뜨기로 15무늬를 만든다. 똑같이 1개를 더 만든 후 몸판에 달아 완성한다.

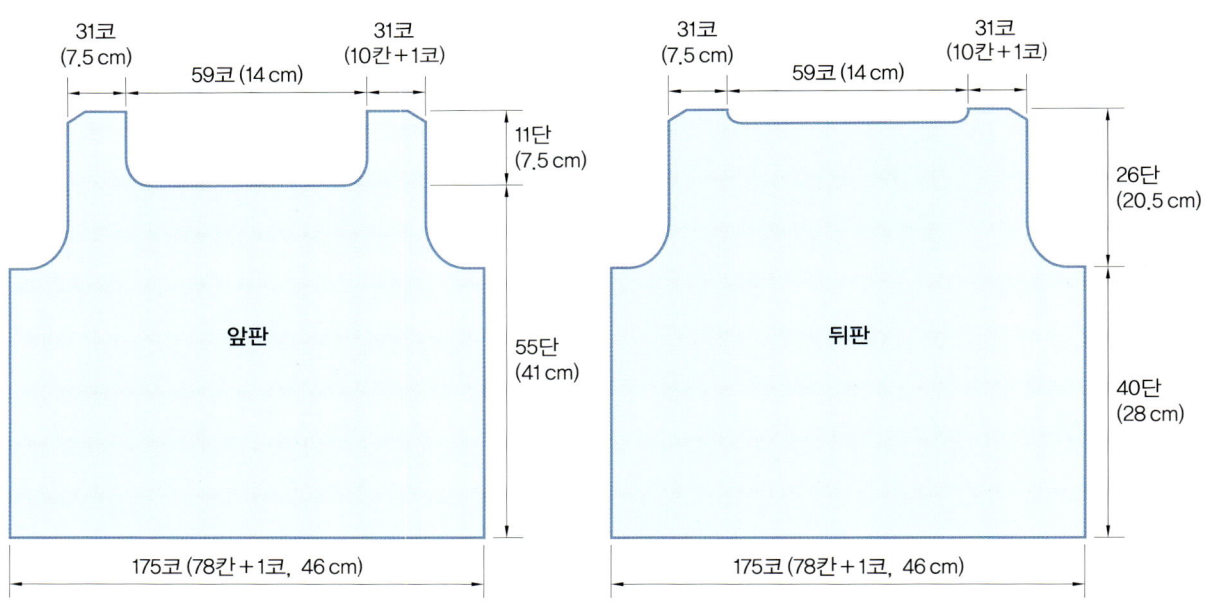

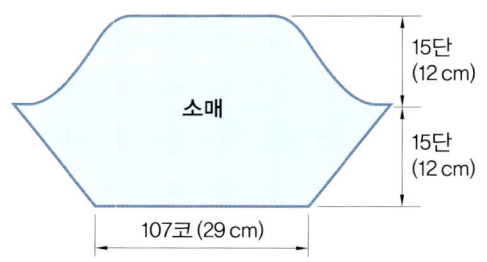

뒤판 (도안 1)

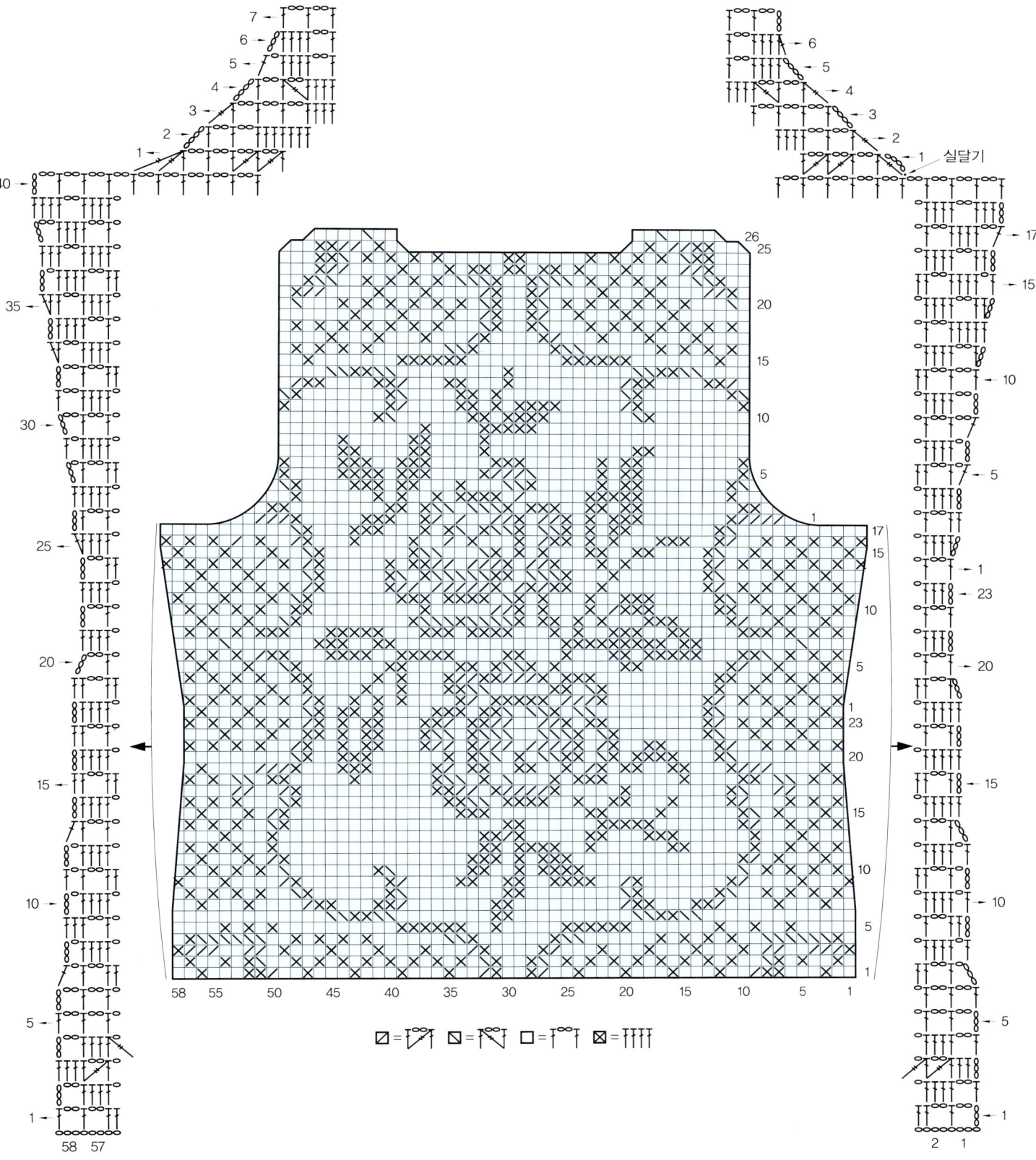

뒤 목둘레(도안 2)

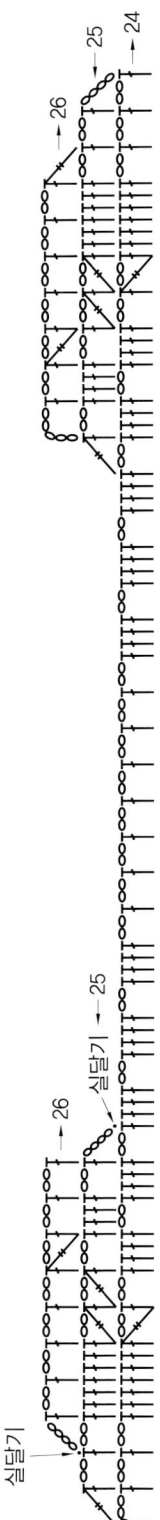

앞 목둘레(도안 3)

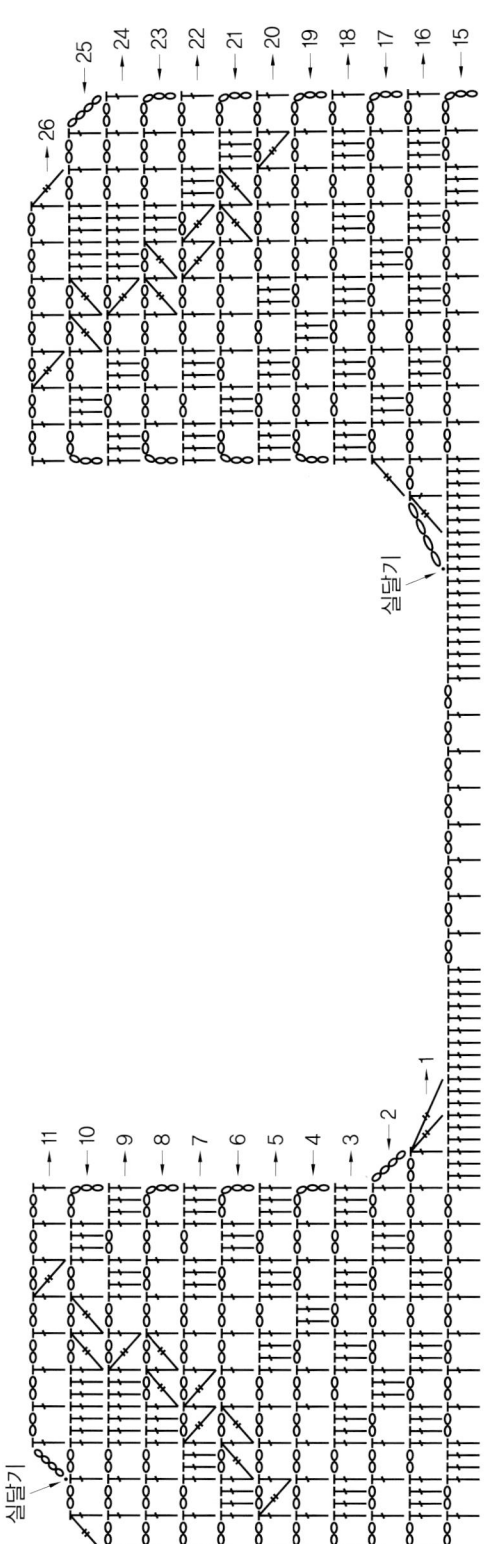

소매 (도안 4)

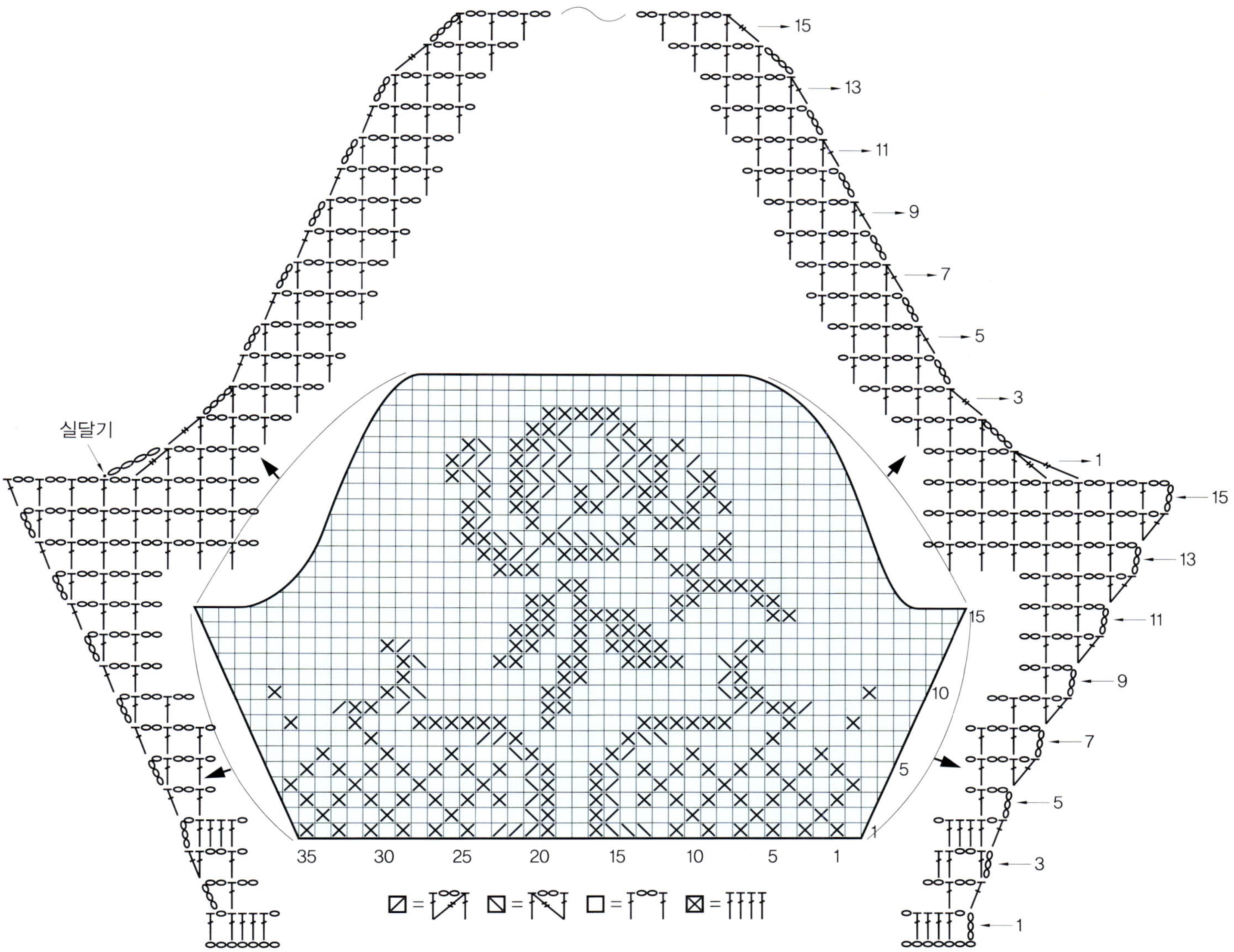

실달기

● 목단 무늬뜨기 (6코 3단 1무늬)

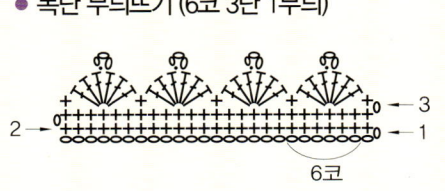

● 단 무늬뜨기 (6코 6단 1무늬)

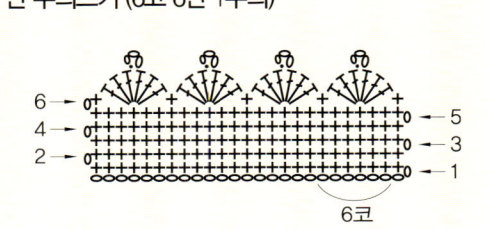

완성 치수
66 size

재료와 도구
실 • 오로라사(하늘색, 파란색, 풀색, 산호색, 분홍색)
바늘 • 4mm 대바늘 1set, 돗바늘, 코바늘 3호

무지개 티셔츠
Rainbow T-shirt

1. 라운드 목에 앞트임을 주어 입기 편하면서 예쁜 단추를 달아 멋을 더한다.
2. 밑단 구멍뜨기 무늬 장식

무지개 티셔츠
Rainbow T-shirt

 **뜨는 방법**

① 하늘색, 분홍색, 풀색, 산호색 순으로 실 색을 바꿔가며 뜨는데 그 경계에 파란색을 넣어서 뜬다.

② 끝단은 역짧은뜨기로 마무리한다.

③ 목단은 코바늘뜨기하며 마지막 역짧은뜨기를 할 때 단추구멍을 낸다.

④ 앞판 163코로 밑단을 뜨고 19단에서 40코를 줄여 123코로 몸판을 뜨고 뒤판 147코로 밑단을 뜨고 19단에서 36코를 줄여 111코로 몸판을 뜬다.

⑤ 소매 115코로 밑단을 뜨고 19단에서 27코 줄여 88코 몸판 무늬뜨기 하는데 양옆 가장자리를 평4단 뒤 8단마다 각 1코 줄이기 3회, 4단마다 각 1코 줄이기 4회 한 후 7코 막음 뒤 2단마다 3코, 2코, 1코-12회, 3코, 2코 순으로 줄여주고 막음코 마무리한다.

⑥ 소매는 똑같이 한 장 더 뜨고 각각 옆 솔기를 꿰맨 후 몸판에 달아 완성한다.

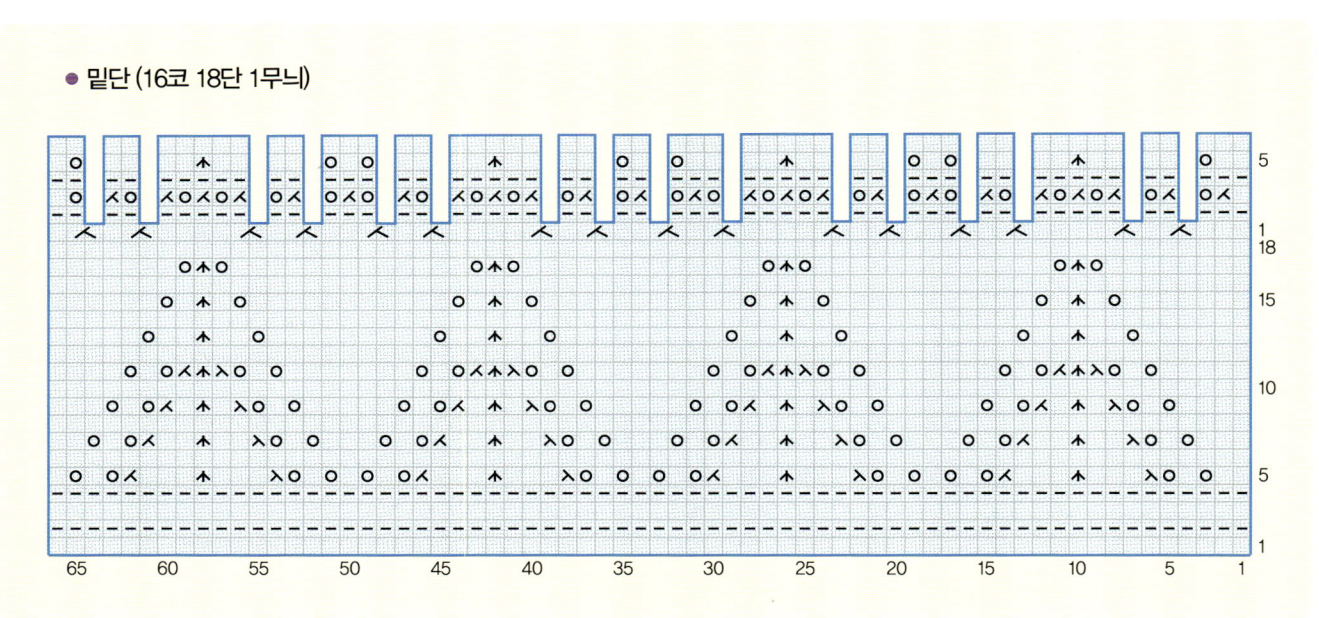

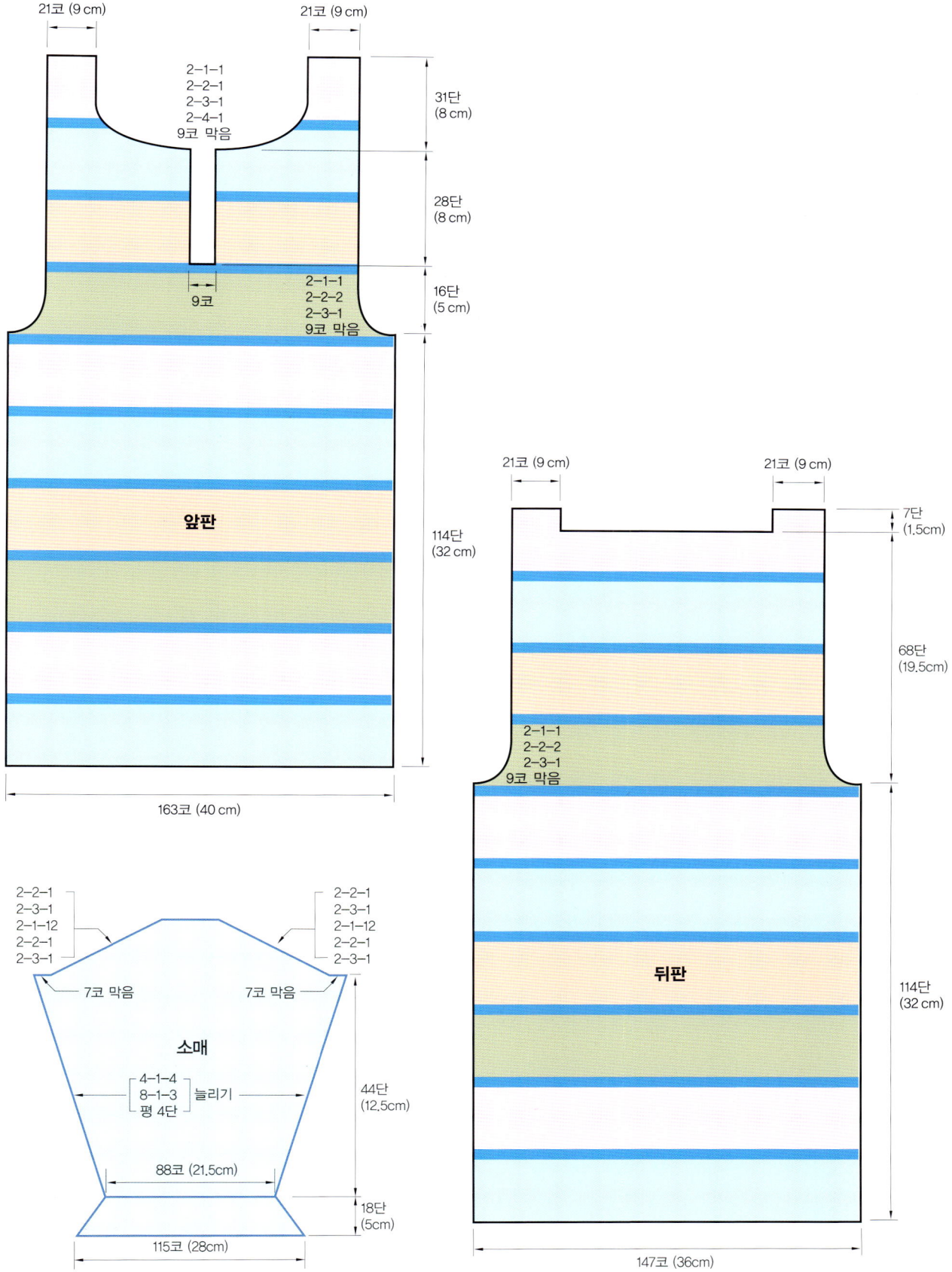

앞 목둘레, 소매 둘레

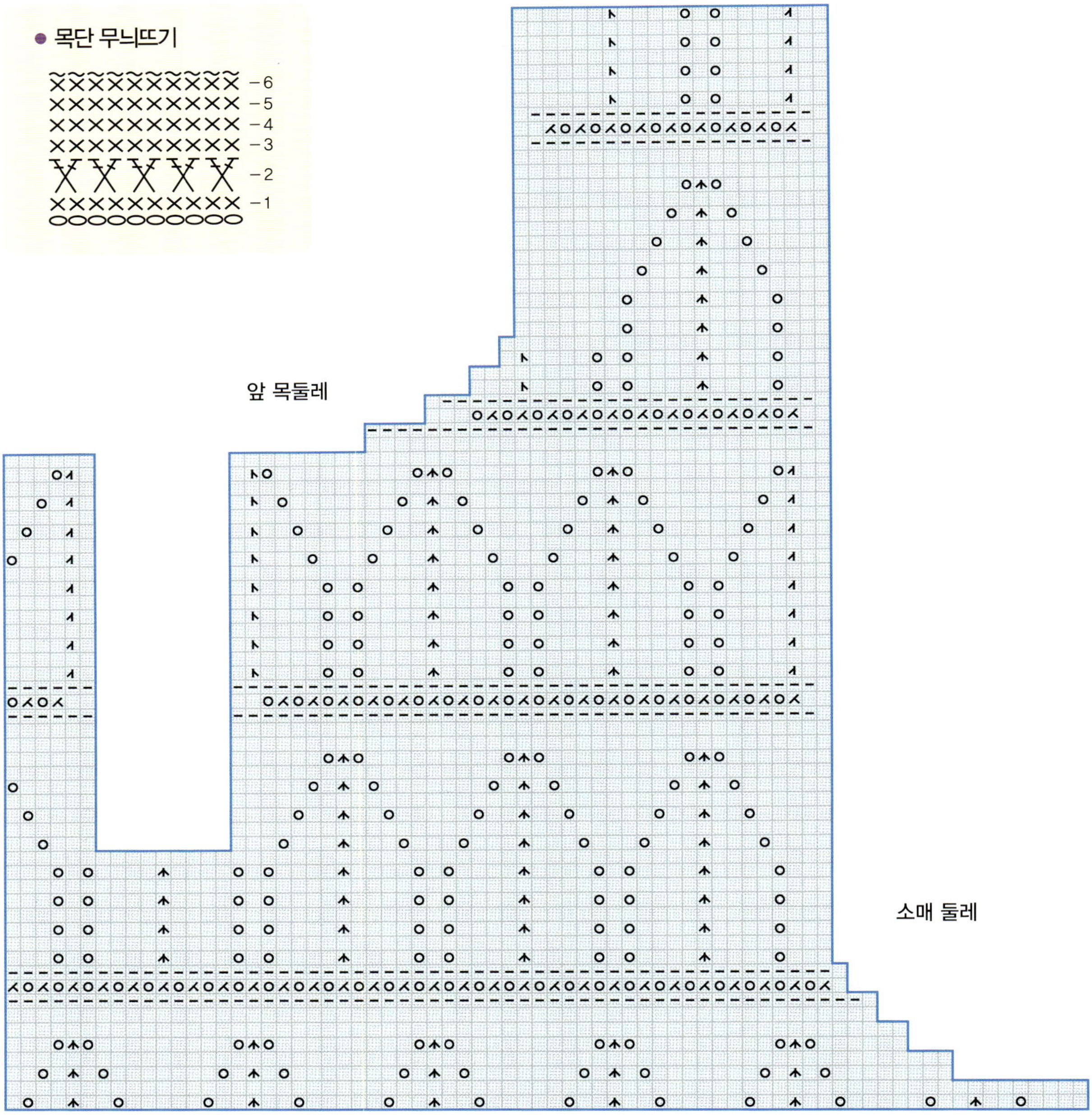

● 목단 무늬뜨기

앞 목둘레

소매 둘레

 소매

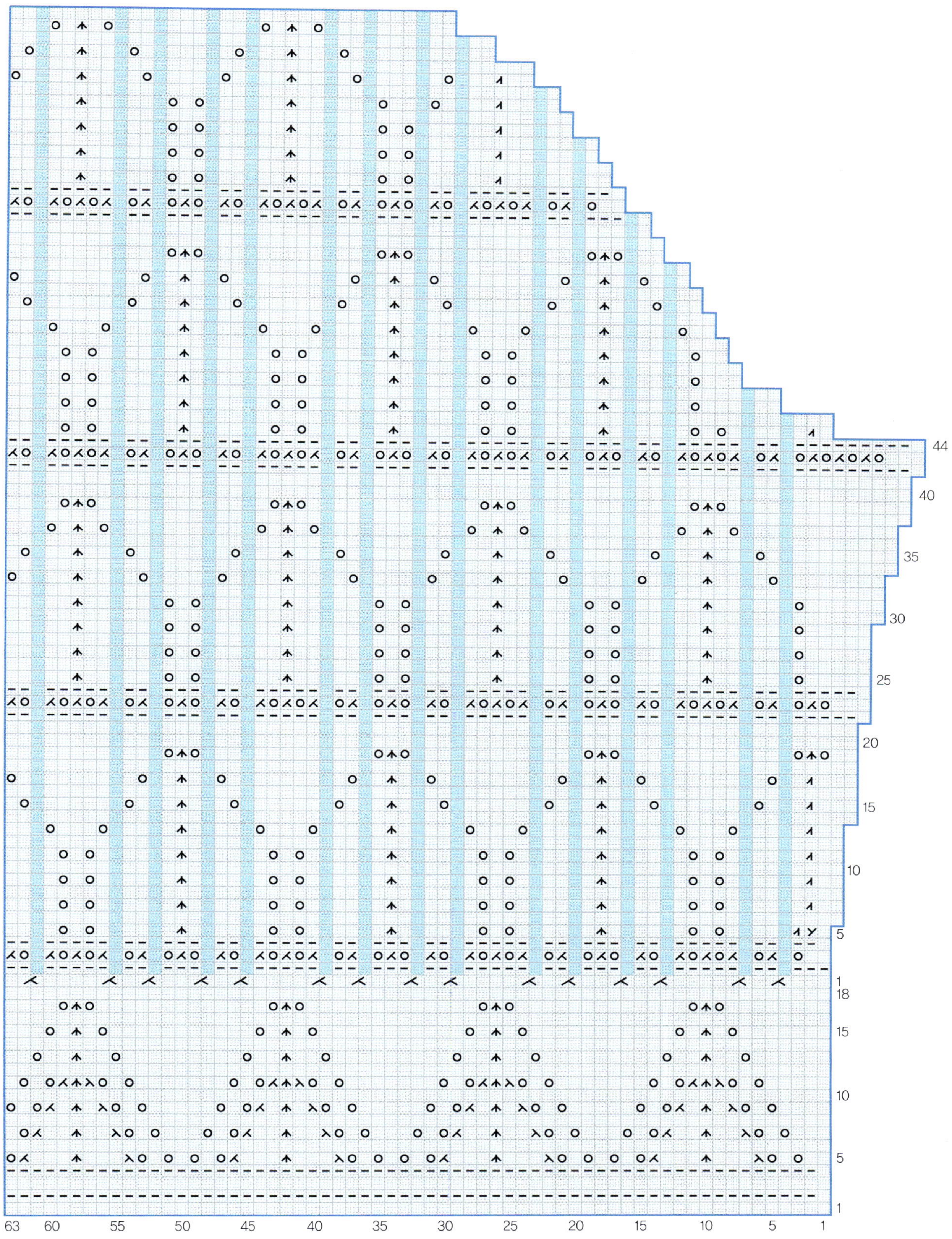

완성 치수
77 size

재료와 도구
실 • 밤브(흰색)
바늘 • 코바늘 2호, 코바늘 3호
부속품 • 단추 3개, 구슬 2개

흰색 긴팔 재킷
The white long sleeve jacket

   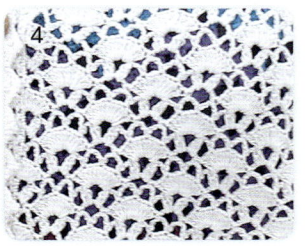

1. 목둘레 단은 무늬뜨기 C로 떠서 장식한다. 2. 허리벨트와 밑단은 무늬뜨기 B로 떠서 만든다.
3. 소매는 무늬뜨기 D로 몸판을 만들고 밑단은 무늬뜨기 E로 장식 마무리한다. 4. 몸판 무늬뜨기 부분

흰색 긴팔 재킷
The white long sleeve jacket

 뜨는 방법

❶ 몸판은 사슬 325코를 만들어 무늬뜨기 A 27무늬+1코로 시작해 25단을 뜬다.

❷ 26단째에는 앞판은 각 6.5무늬씩, 소매 둘레 부분에 각 1무늬, 뒤판은 12무늬로 나누어 주고, 소매 둘레와 앞 목둘레, 뒤 목둘레는 도안 1을 참고하여 만든다.

❸ 몸판 밑단은 처음 시작 사슬 부분에서 274코로 무늬뜨기 B 29무늬로 시작해서 23단을 뜬 다음 마친다.

❹ 앞 중심단과 목둘레단은 373코를 주어 짧은뜨기 1단 뜨고 무늬뜨기 C 62무늬+1코 3단 뜬 다음 마친다.

❺ 소매는 사슬 109코를 만들어 무늬뜨기 D 10무늬+1코로 시작해서 50단을 뜨는데 도안 2를 참고하여 옆 솔기 늘리기를 하고, 도안 3을 참고하여 소매산을 만든다.

❻ 소매 밑단은 115코를 주어 짧은뜨기 1단 뜬 뒤 무늬뜨기 E 5무늬로 시작해서 7단 뜬 다음 마치고, 몸판에 달아 완성한다.

❼ 허리끈은 실 3올로 사슬뜨기하고 양 끝에 구슬을 끼워 장식한다.

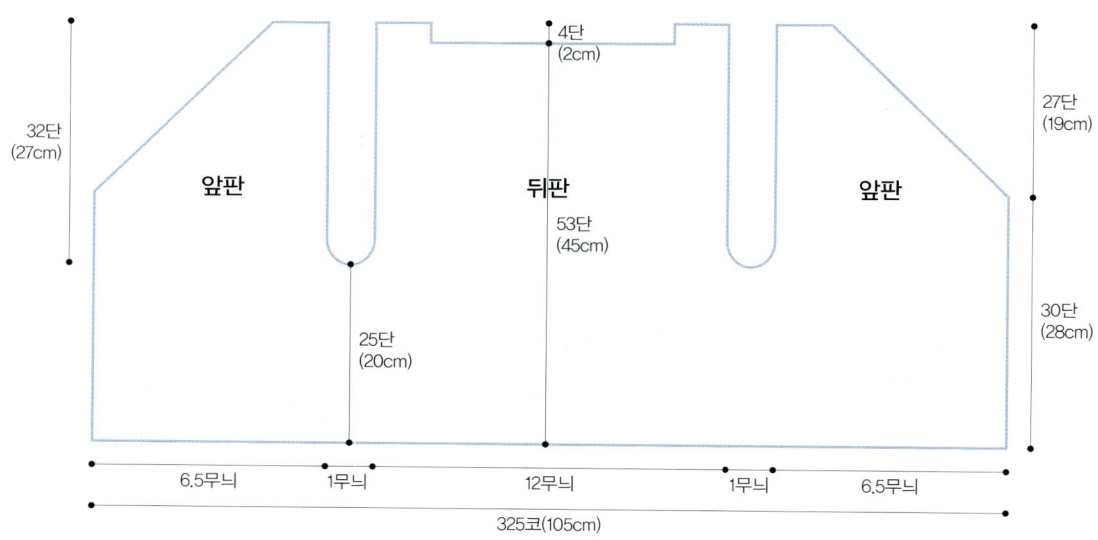

● 무늬뜨기 A (12코 4단 1무늬)

● 무늬뜨기 C (6코 3단 1무늬)

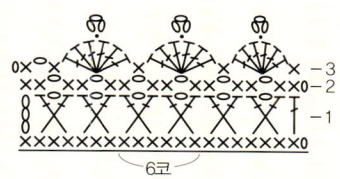

● 무늬뜨기 B

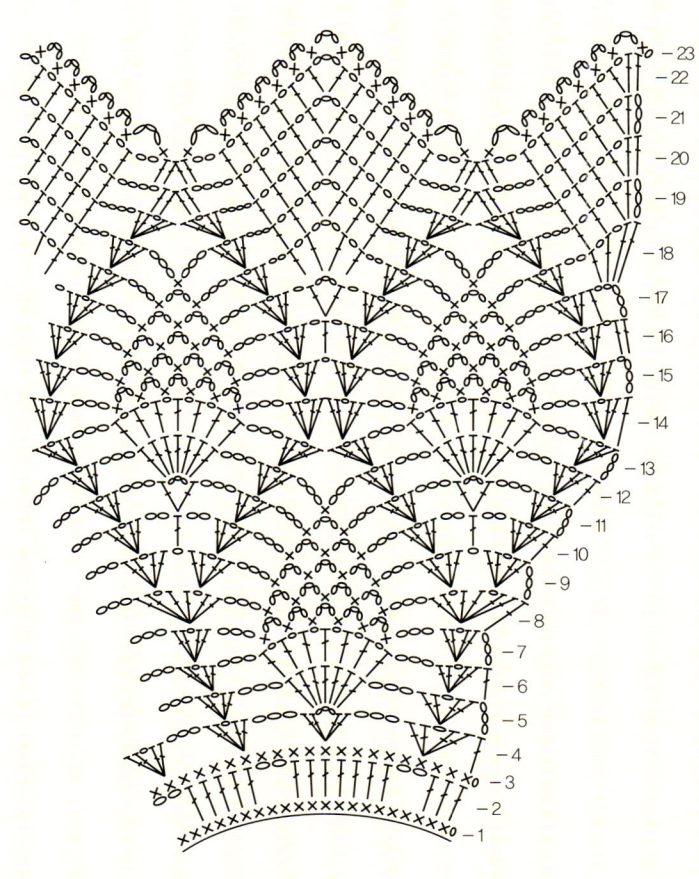

몸판(도안 1)

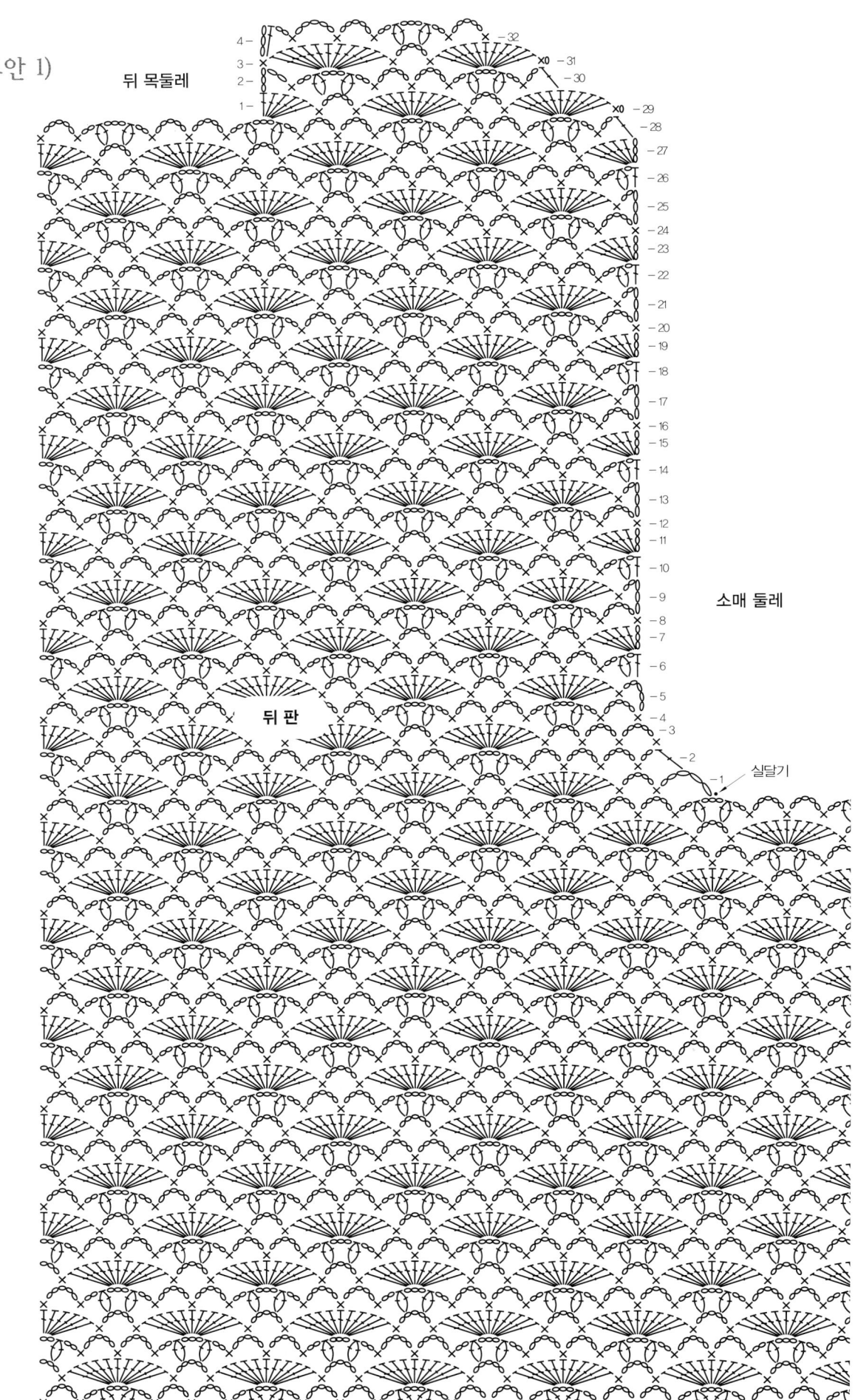

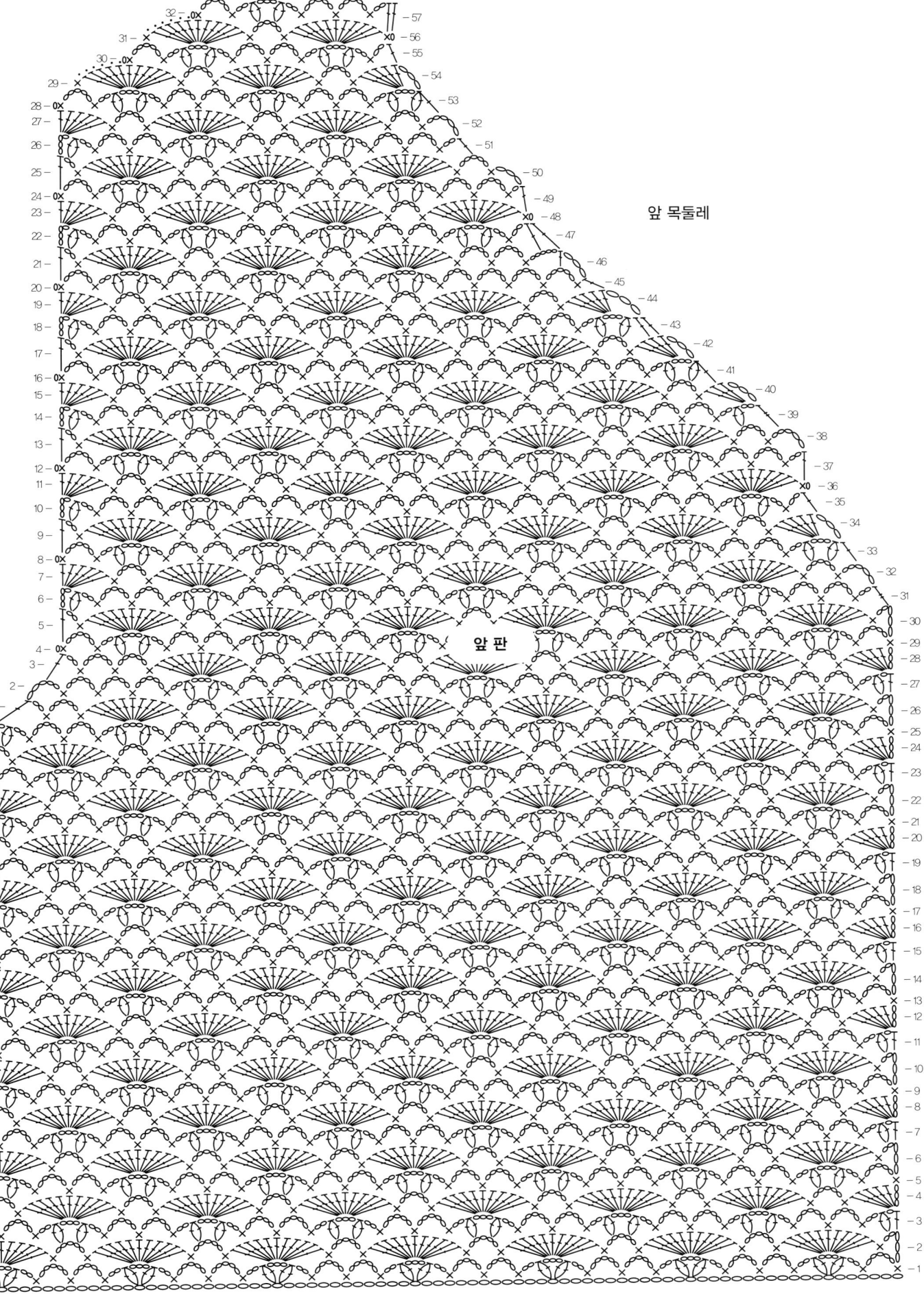

앞 목둘레

앞 판

소매 옆 솔기(도안 2)

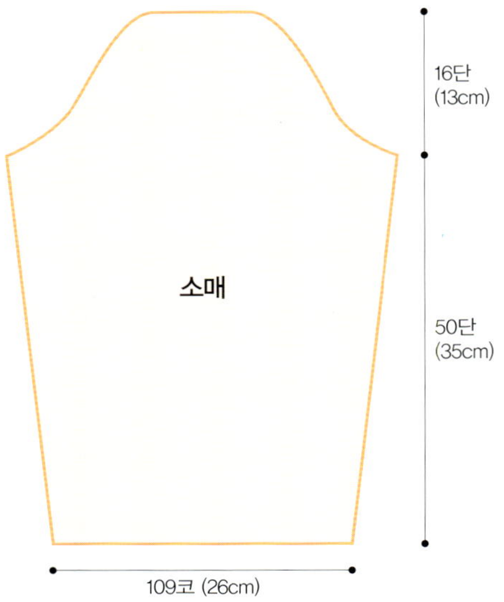

소매: 109코 (26cm), 50단 (35cm), 16단 (13cm)

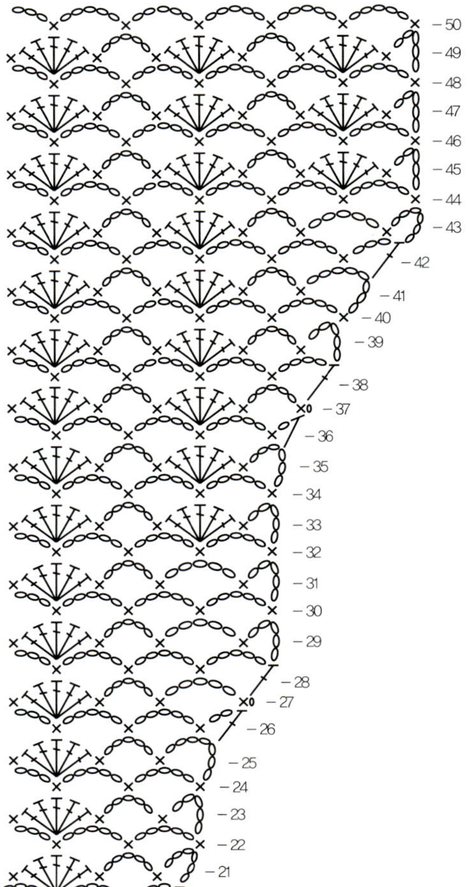

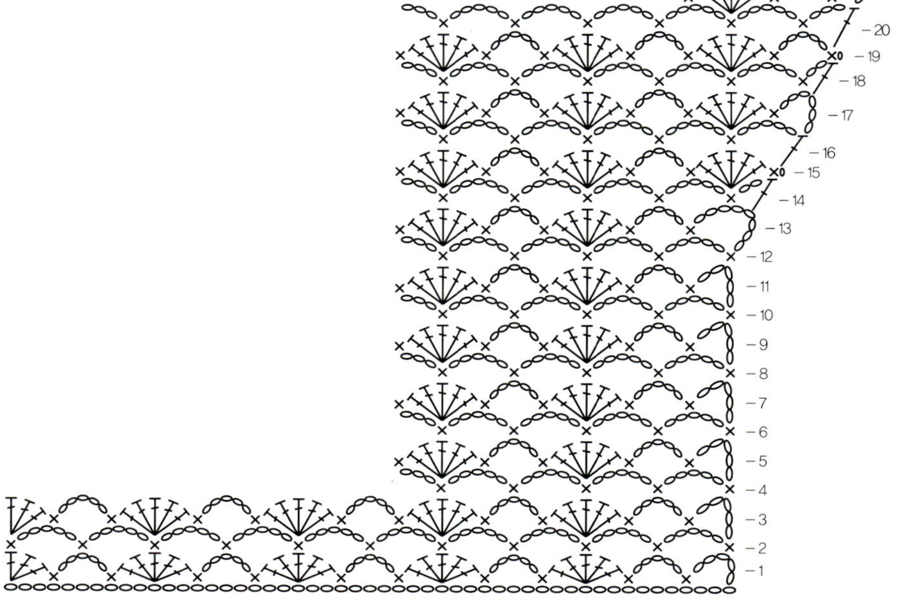

🧶 소매산(도안 3)

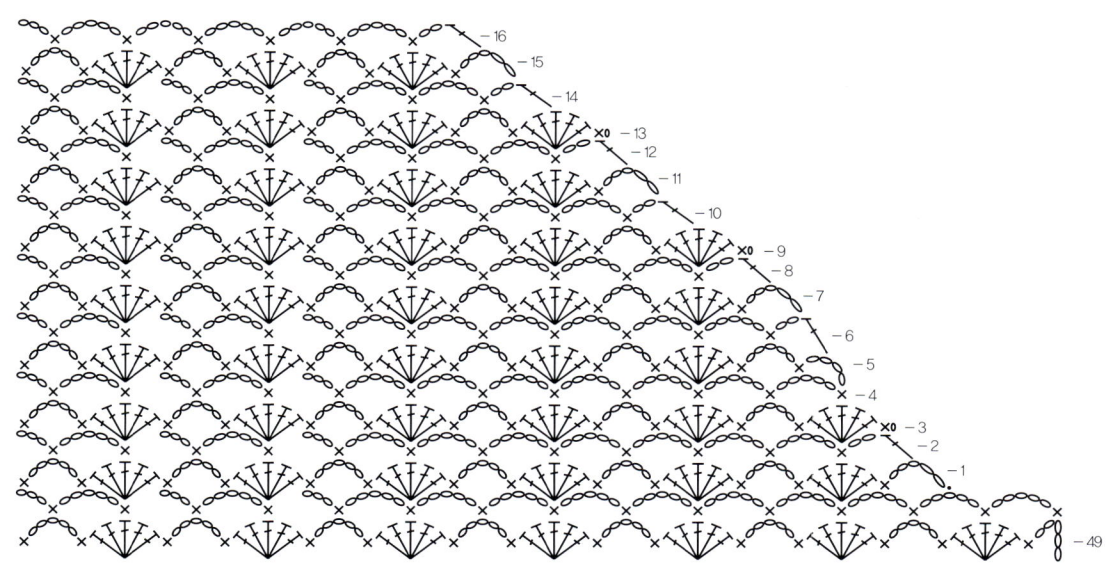

● 무늬뜨기 D (10코 2단 1무늬)

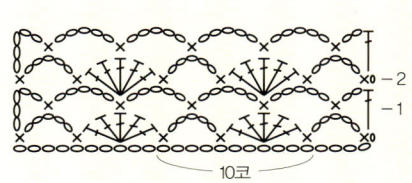

● 무늬뜨기 E (23코 7단 1무늬)

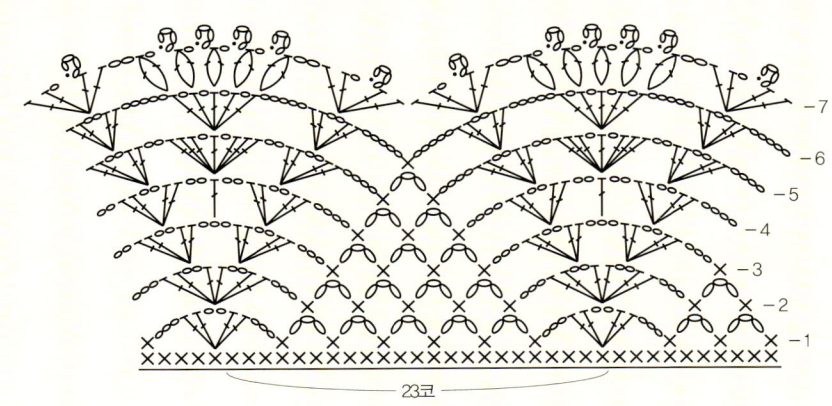

완성 치수
66 size

재료와 도구
실 • 다이아갤러리(진회색)
바늘 • 줄바늘 2.5mm, 줄바늘 3.5mm, 돗바늘

진회색 반팔 셔츠
The darkgray half sleeve shirt

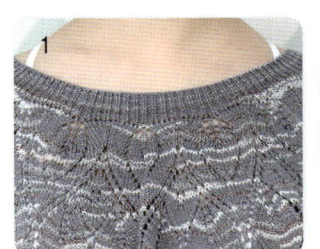   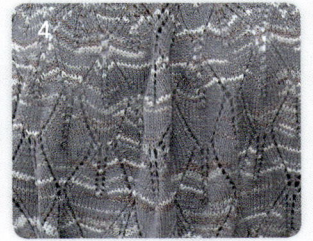

1. 라운드 넥은 1코고무뜨기로 뜨고 돗바늘로 마무리한다.   2. 밑단을 1코고무뜨기로 넓게 뜨면 허리가 날씬해 보인다.
3. 반소매 부분은 풍성한 느낌이 나도록 단을 가는 바늘로 떠 준다.   4. 몸판 무늬뜨기

진회색 반팔 셔츠
The darkgray half sleeve shirt

뜨는 방법

1. 줄바늘 3.5mm에 기본코 208코를 만들어 13코 1무늬인 무늬뜨기로 16무늬를 만들어 도안 1을 참고하여 목둘레를 시작으로 몸판 아래 방향으로 뜬다.
2. 68단까지 뜨고 69단이 되면 앞·뒤판은 각각 5무늬, 양 소매는 각 3무늬씩 나누어 주고, 앞·뒤 몸판코 340코를 원통뜨기로 61단 더 떠준다. 밑단은 줄바늘 2.5mm로 바꾸어 1코고무뜨기 46단 뜨고 돗바늘로 마무리한다.
3. 소매는 양쪽으로 나누어 102코를 원통뜨기로 43단 더 뜨고 줄바늘 2.5mm로 바꾸어 1코고무뜨기 12단을 뜬 다음 돗바늘로 마무리한다.
4. 목단은 줄바늘 2.5mm를 이용해 208코를 주어 1코고무뜨기로 18단을 원통뜨기한 후 돗바늘로 마무리한다.

Tip • 니트 물 세탁법

1. 찬물에 모직 세탁용 세제를 풀어 물 표면이 조밀한 거품으로 덮이도록 휘젓는다. 모직 세탁용 세제가 없으면 머리 감는 샴푸나 부엌용 중성 세제를 사용해도 되나 거품이 많아 모직 세탁용 세제보다 사용량을 줄여 사용한다.
2. 단추가 있는 옷은 뒤집어서 세탁하고 때가 많이 탄 부분은 비비지 말고 가볍게 조물거려 세탁한다.
3. 세제에 담가 빨던 옷을 건져 물기와 세제 거품을 뺀다.
4. 맑은 물에 여러 번 가볍게 눌러 헹구어 세제를 완전히 빼내어 거품이 생기지 않도록 한다.
5. 마지막 헹구는 물에 섬유 린스를 넣고 니트를 담가 가볍게 누른다. 섬유 린스가 없을 땐 식초나 레몬즙을 한 스푼 넣고 사용해도 괜찮다.
6. 다 헹군 옷을 건져내어 크게 접은 뒤 보자기에 싸서 탈수기에 넣어 탈수한다.
7. 탈수가 끝나면 꺼내어 툴툴 털어 구김을 피고 옷 모양대로 펴서 건조대 위에 펼쳐 널거나 넓은 채반에 담아 바람이 잘 통하는 그늘에서 말린다.
8. 충분히 말랐으면 헝겊을 씌운 뒤 스팀다리미로 줄어든 곳은 늘리고 옷 모양을 바로 잡으면서 다린다.
9. 보푸라기가 생긴 곳은 잡아당기지 말고 가위로 잘라 낸다.

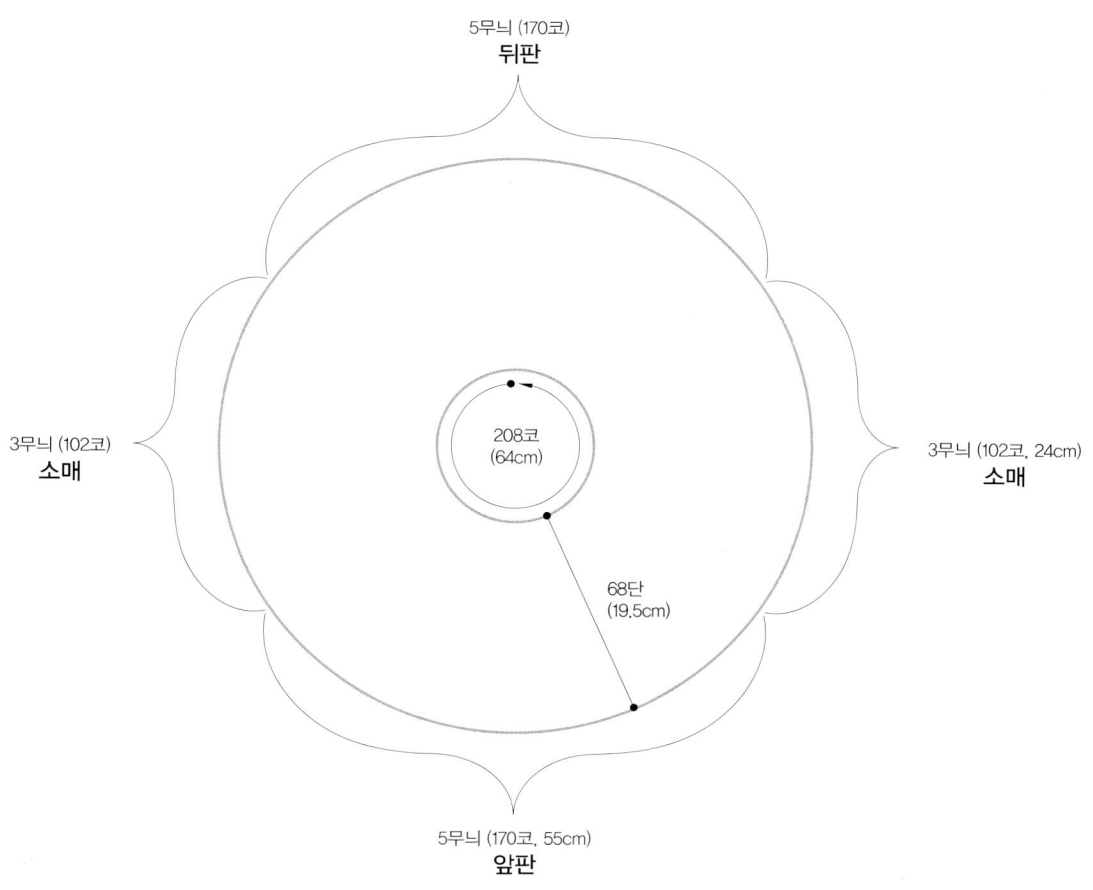

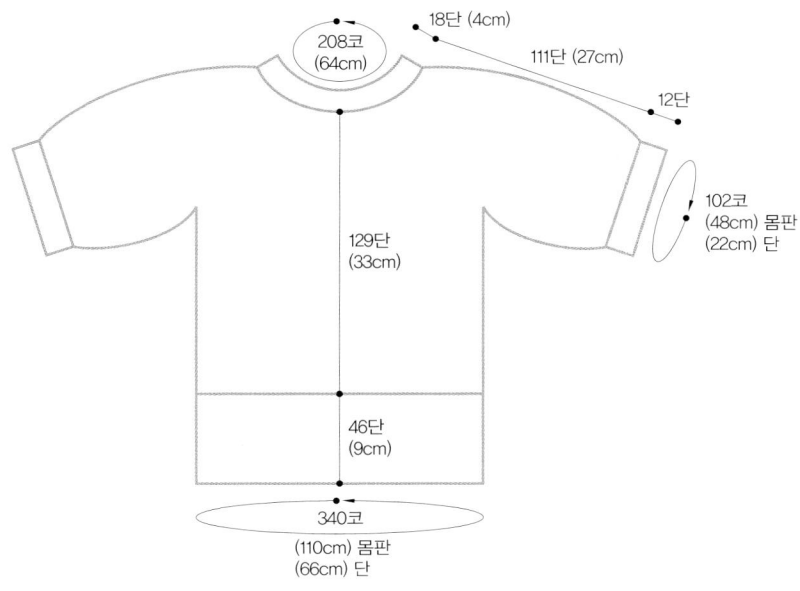

몸판(도안 1)

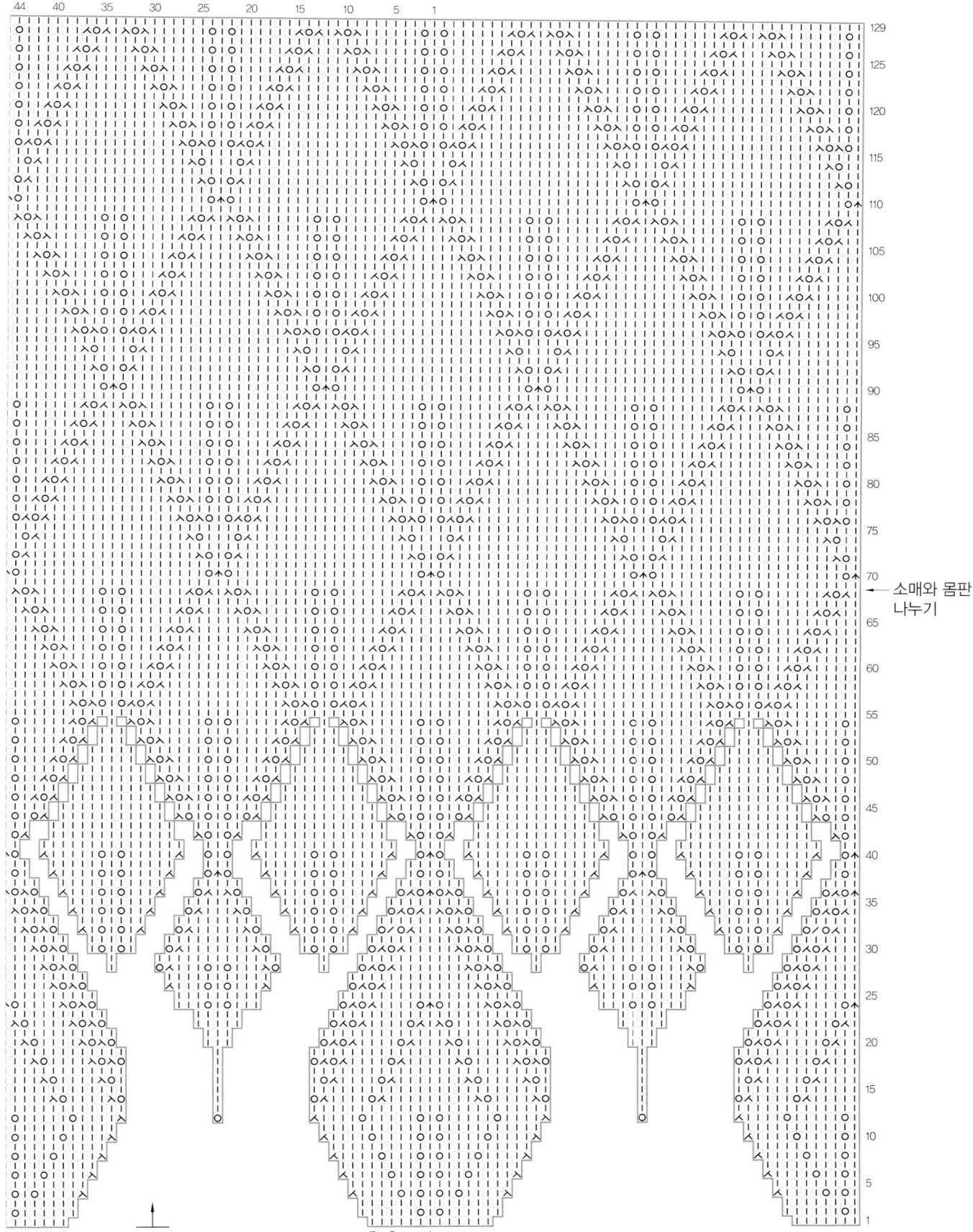

완성 치수
66 size

재료와 도구
실 • 쿨울(연분홍)
바늘 • 코바늘 2호

연분홍 셔츠
The light pink shirt

1. 목단은 단뜨기 무늬로 뜨며 사슬뜨기로 단추구멍을 만들어 준다.   2. 윗옷 밑단은 무늬뜨기 B로 마무리한다.
3. 소매는 무늬뜨기 A를 뜬 뒤 밑단은 무늬뜨기 B로 장식 마무리한다.

연분홍 셔츠
The light pink shirt

뜨는 방법

① 뒤판은 사슬 131코를 만들어 무늬뜨기 A 13무늬+1코로 시작해서 도안 2를 참고하여 옆 솔기 56단 뜬 뒤 소매 둘레를 만든다.

② 뒤 목둘레는 90단째 어깨코 부분을 경사뜨기하여 3단을 뜬다(도안 2 참고).

③ 앞판은 사슬 141코를 만들어 무늬뜨기 A 14무늬+1코로 시작해서 도안 2를 참고하여 옆 솔기와 소매 둘레를 만든다.

④ 앞 목둘레는 64단째 앞 중심을 기준으로 이등분하여 도안 1을 참고하여 만든다.

⑤ 앞·뒤판이 완성되면 옆 솔기와 양어깨를 붙여준다.

⑥ 몸판 밑단은 무늬뜨기 B 27무늬를 원통뜨기로 3단 떠서 마무리한다.

⑦ 목단은 단뜨기 무늬 26무늬를 3단 뜬 뒤 앞 중심 오픈된 곳과 연결해서 짧은뜨기 2단 뜨고 되돌아짧은뜨기로 장식 마무리한다.

⑧ 소매는 사슬 91코를 만들어 무늬뜨기 A 9무늬+1코로 시작해서 도안 3을 참고하여 옆 솔기를 늘려주고 36단째는 도안 4를 참고하여 소매산을 만든다.

⑨ ⑧이 끝나고 나면 옆 솔기를 붙여준 뒤 무늬뜨기 B 9무늬를 원통뜨기로 3단 떠서 마무리한 후 몸판에 달아준다.

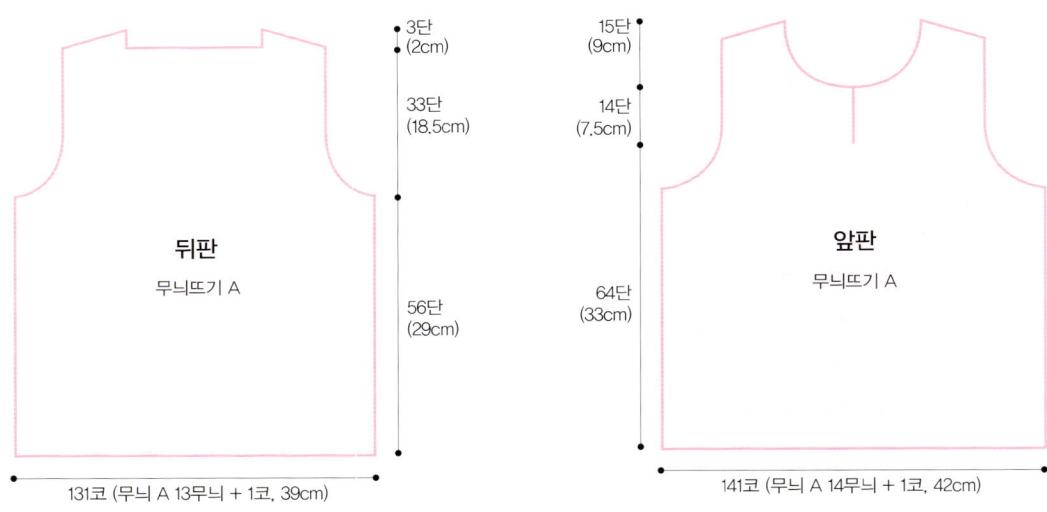

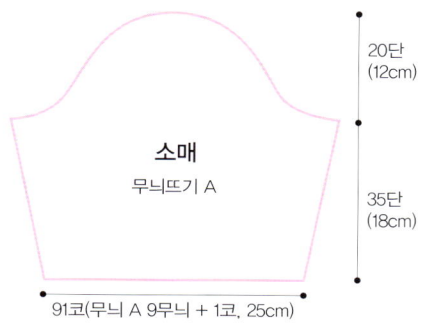

소매
무늬뜨기 A

20단 (12cm)
35단 (18cm)

91코(무늬 A 9무늬 + 1코, 25cm)

🧶 앞판(도안 1)

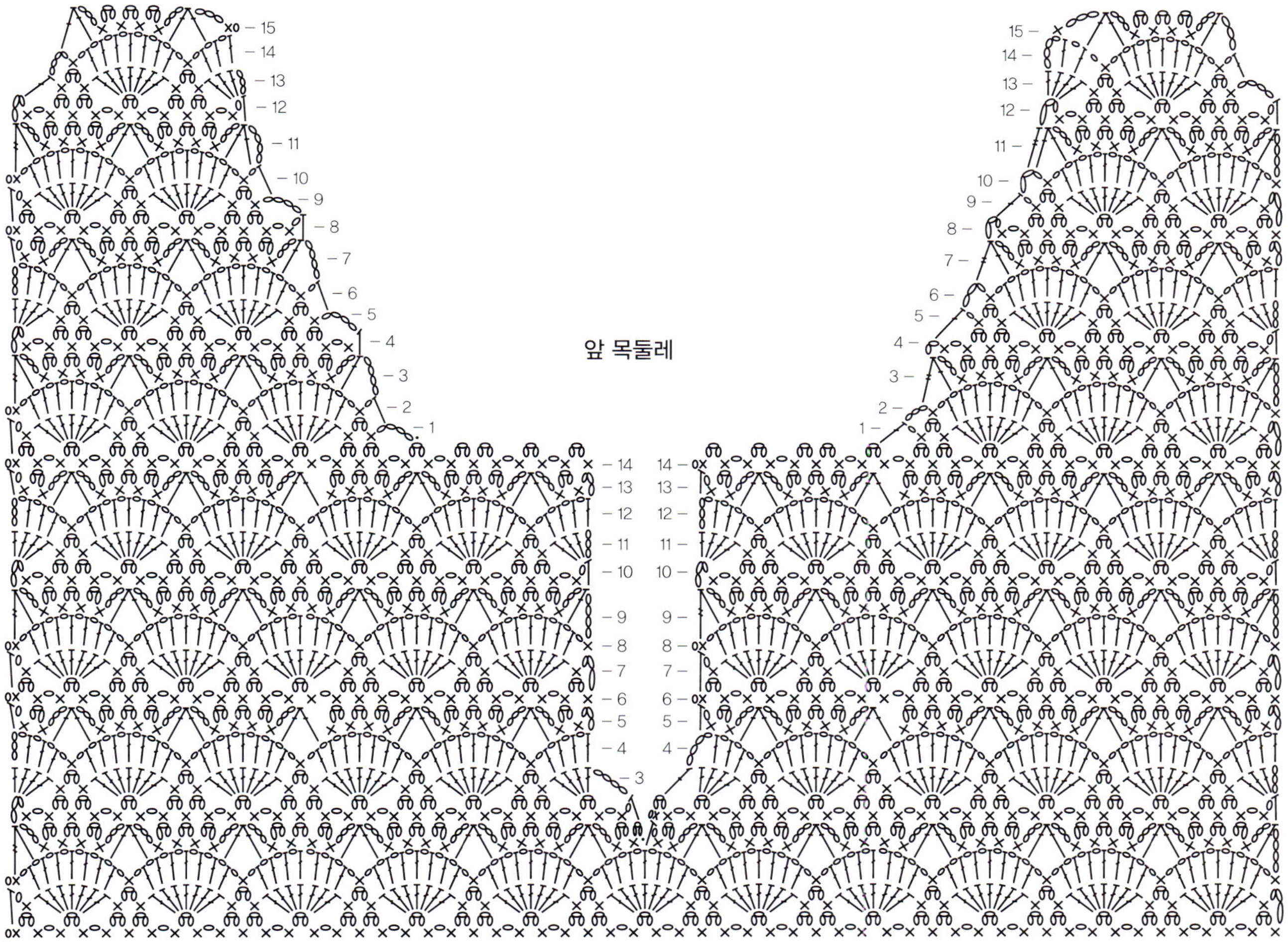

앞 목둘레

뒤판 (도안 2)

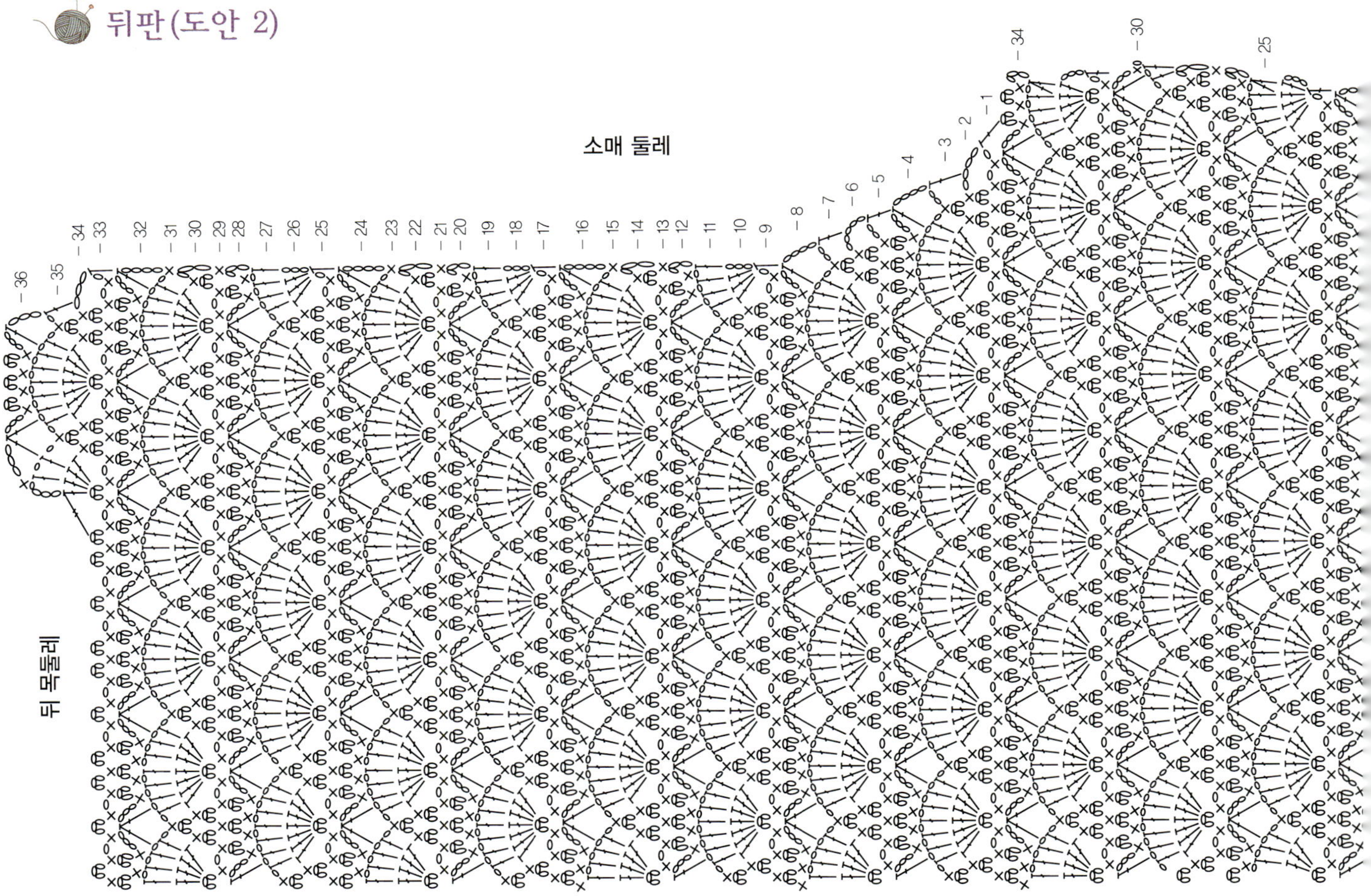

소매 둘레

뒤 목둘레

● 무늬뜨기 A (10코 8단 1무늬)

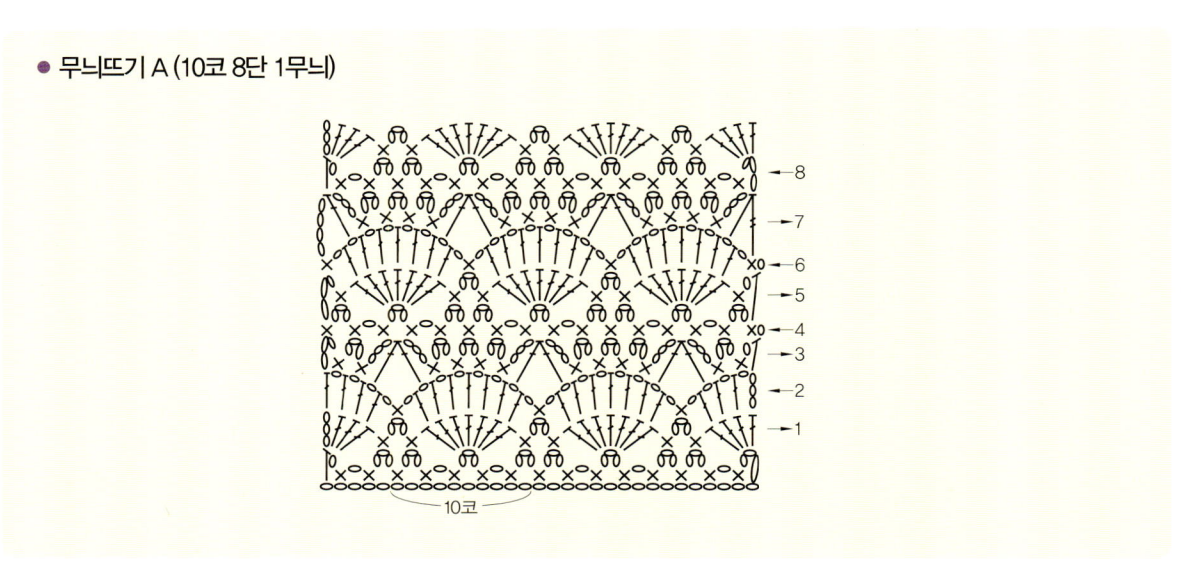

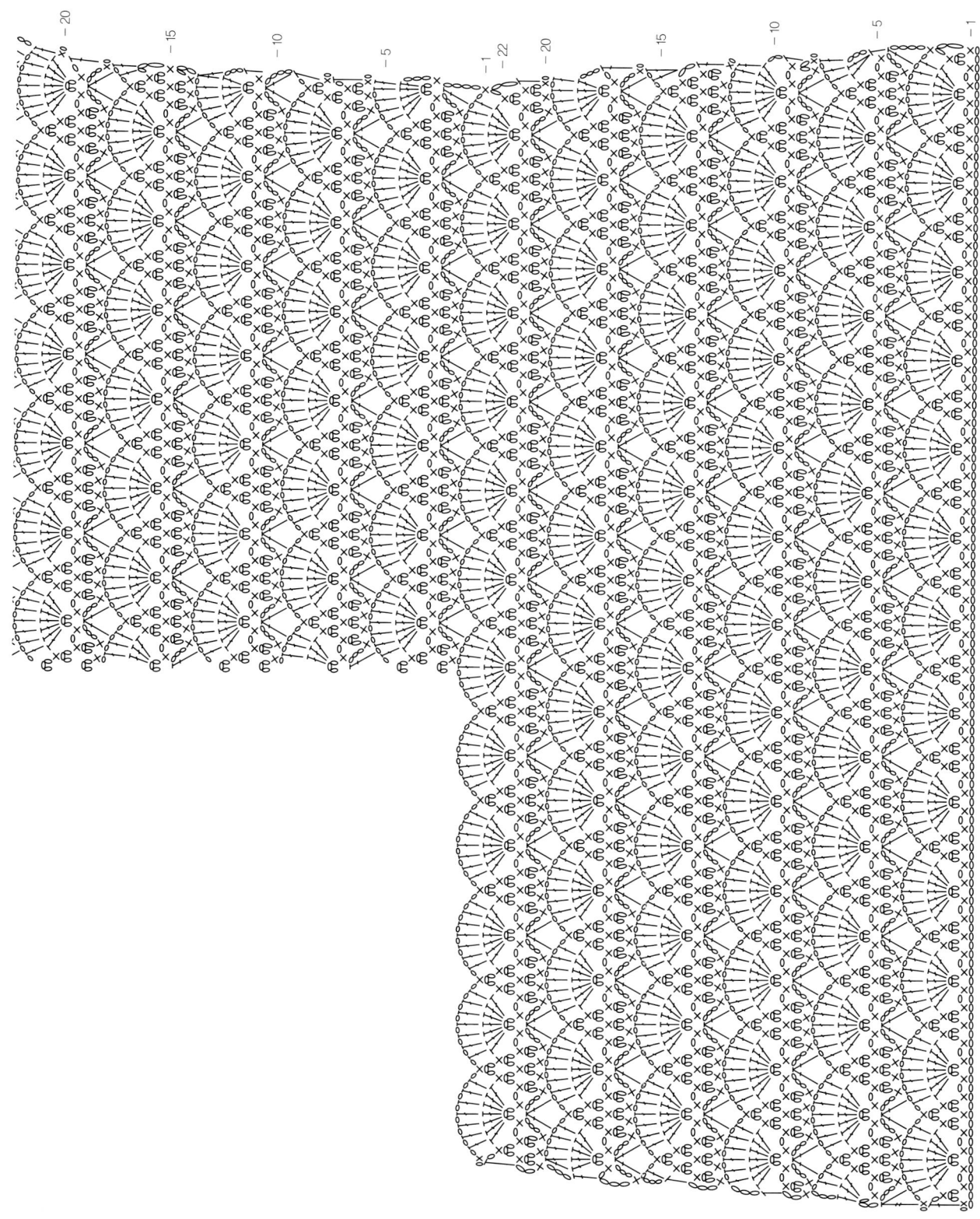

소매 I (도안 3)

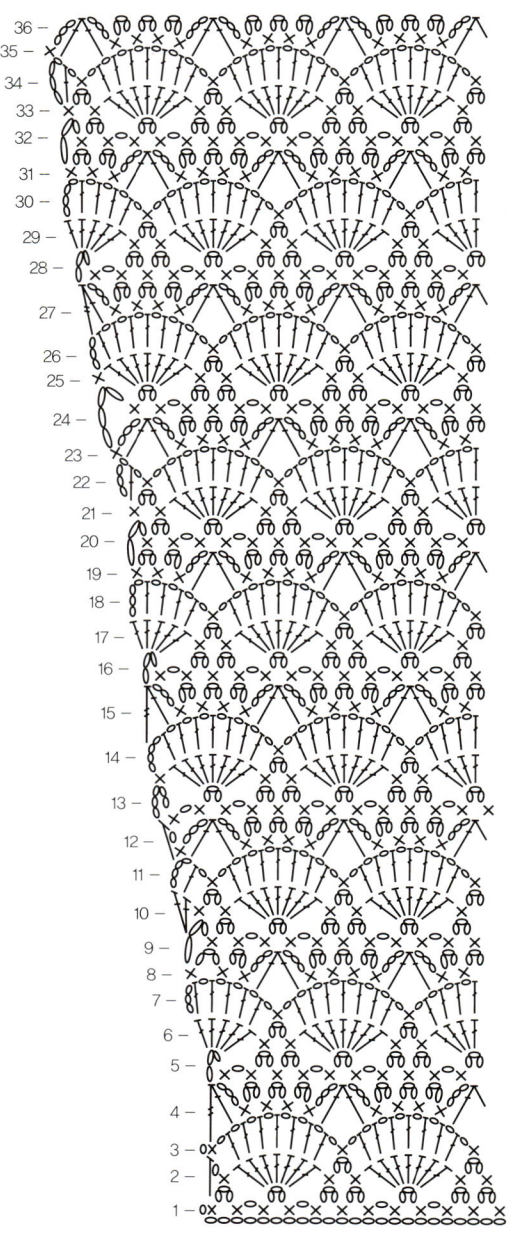

● 무늬뜨기 B (10코 3단 1무늬)

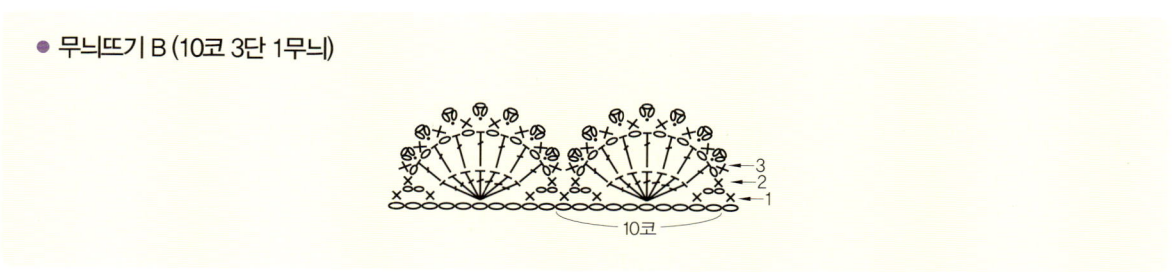

소매 II (도안 4)

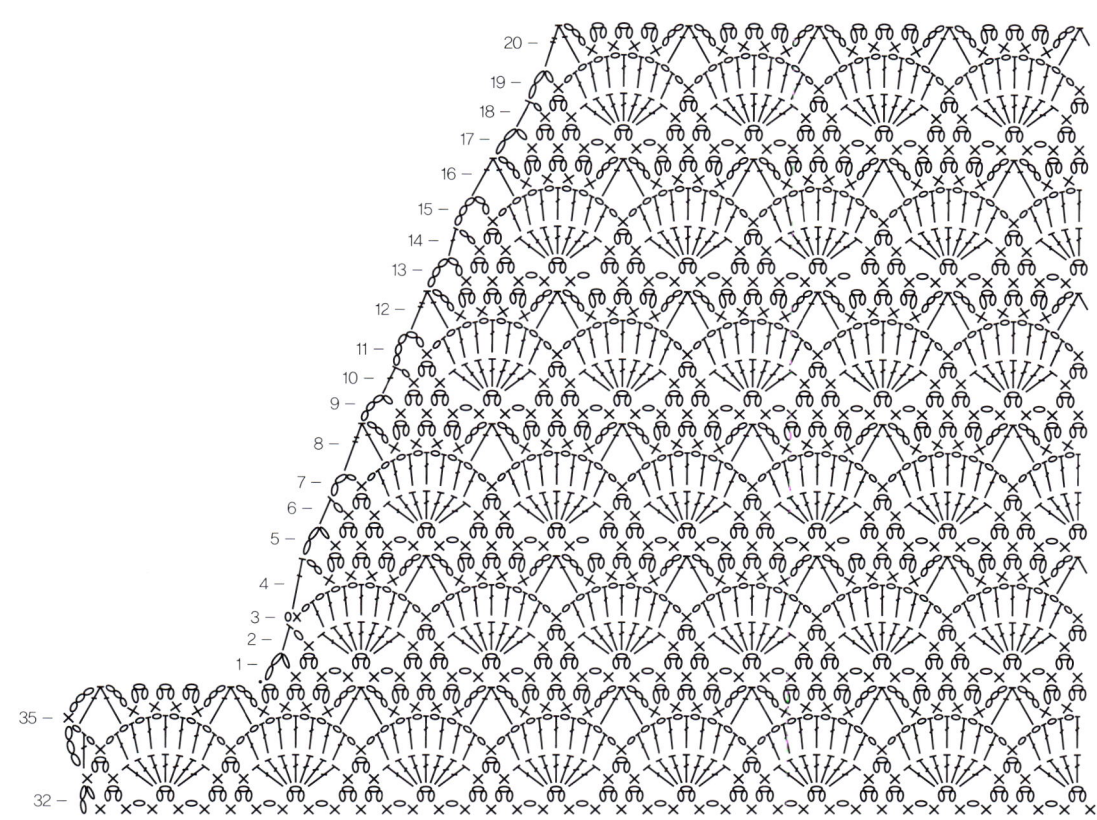

● 단뜨기 무늬 (6코 3단 1무늬)

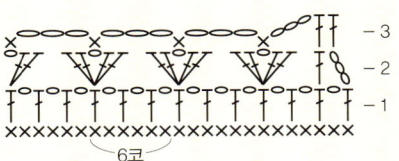

완성 치수
66 size

재료와 도구
실 • Terius사(인디안 핑크)
바늘 • 코바늘 1.75호

인디안 핑크 볼레로
Pink Bolero

 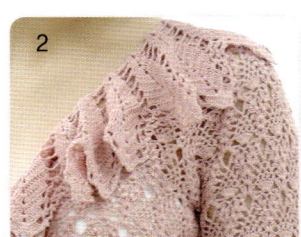  

1. 칼라에서 앞, 밑단 전체를 연결해서 뜨기   2. 나뭇잎 모양의 프릴칼라   3. 주름처럼 풍성하게 늘여주기   4. 찰랑거리는 소매단

인디안 핑크 볼레로
Pink Bolero

 뜨는 방법

❶ 앞판은 사슬 71코(무늬 5개)를 한 쪽으로 매 단에 코를 늘려 12단까지 14코(무늬 1개)를 증가시켜 총 무늬 6개가 되게 굴려준다.

❷ 앞판에서 30단 올라간 부분부터 앞 목과 소매 둘레를 줄이기 한다.

❸ 뒤판은 사슬 169(무늬 12개)를 시작해 30단 뜨고 소매 둘레를 줄이고 뜨다가 어깨 29코(무늬 2개)를 3단만 더 떠서 뒷목을 파준다.

❹ 밑단과 앞단, 목단을 모두 연결해 단 무늬뜨기를 한다.

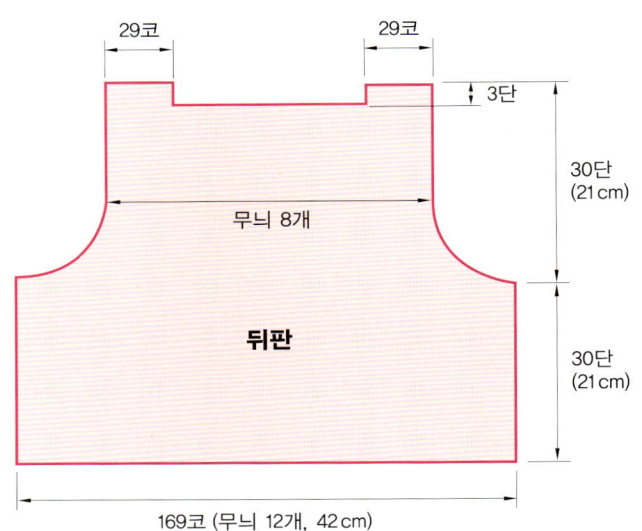

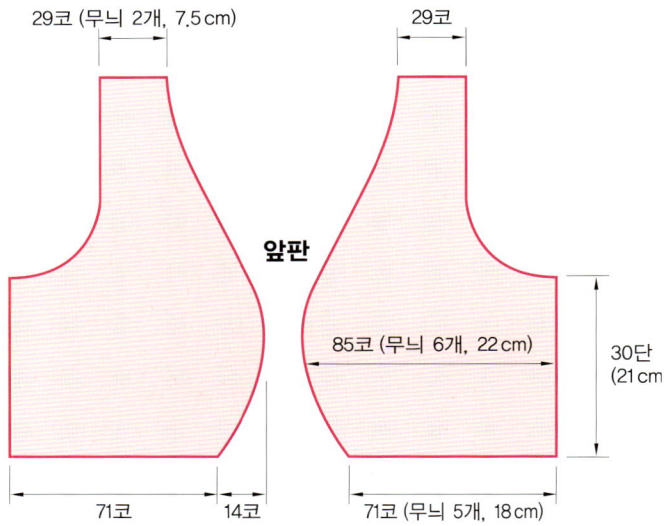

● 몸판 무늬뜨기 (14코 6단 1무늬)

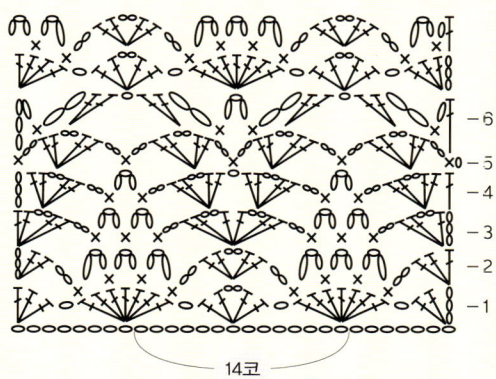

● 단 무늬뜨기

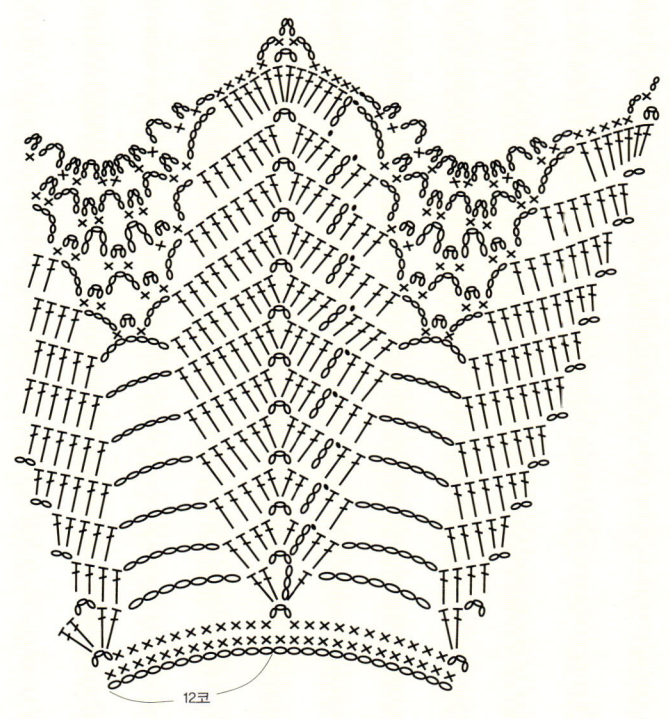

앞판

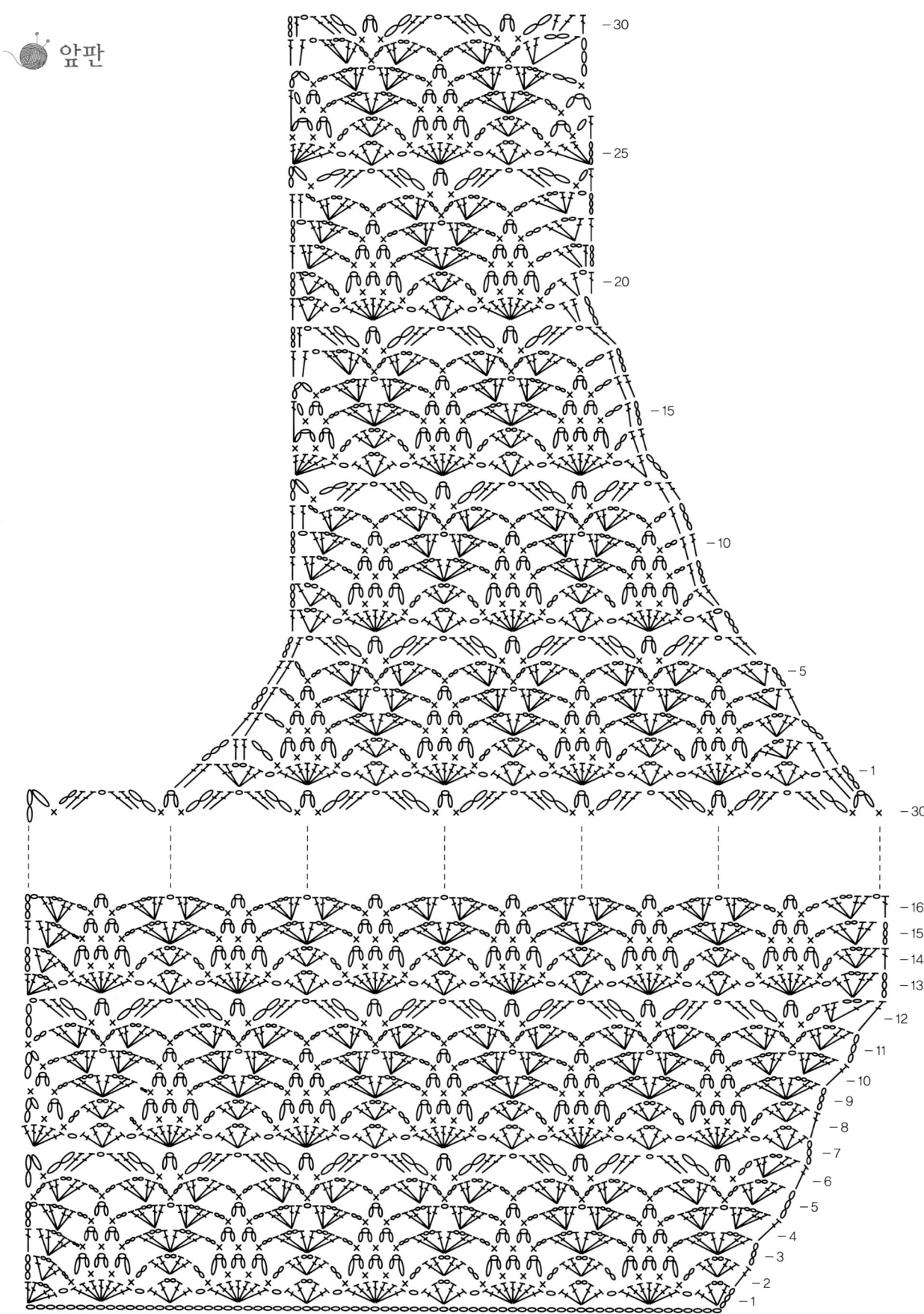

50

 소매

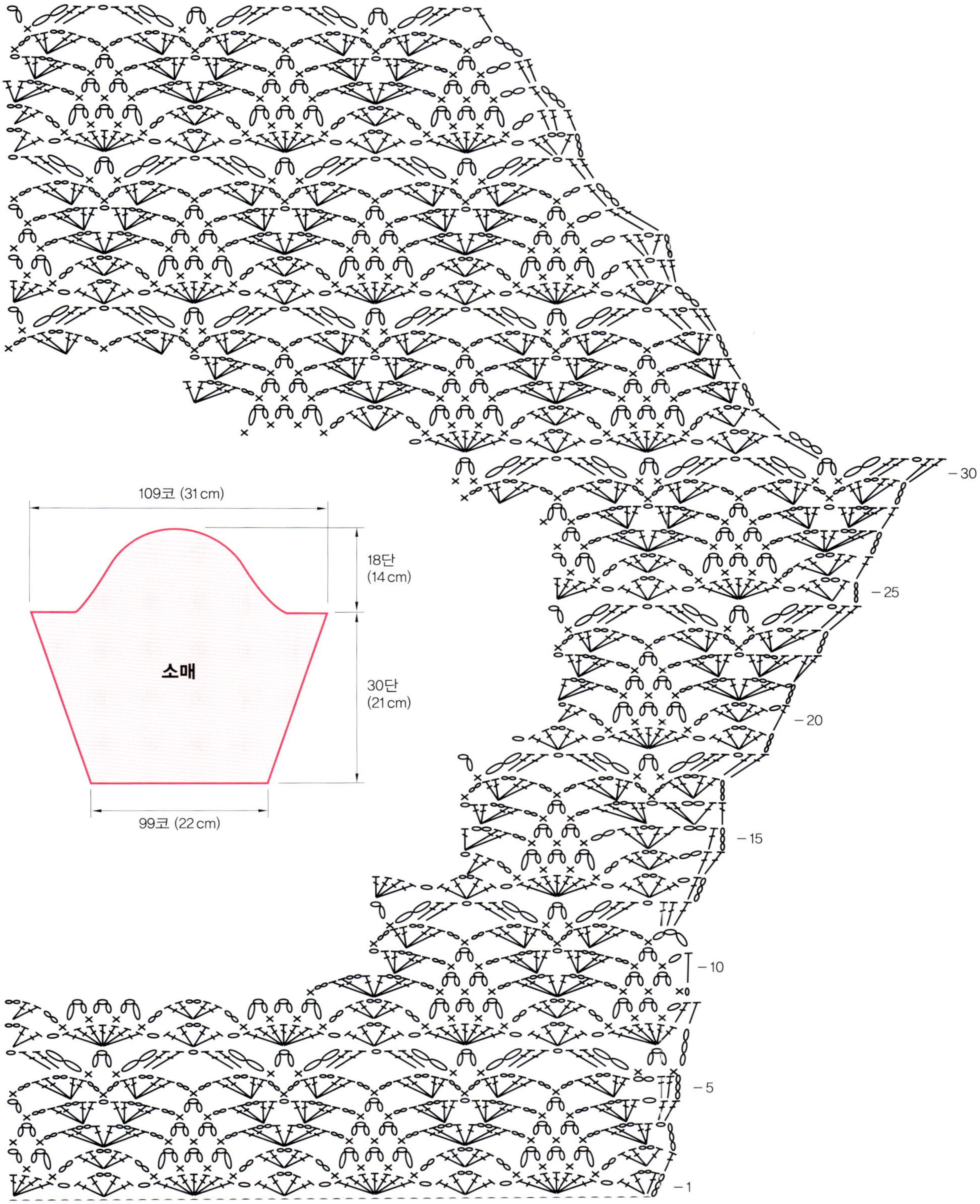

109코 (31cm)

18단 (14cm)

소매

30단 (21cm)

99코 (22cm)

완성 치수
66 size

재료와 도구
실 • 울소프트(아이보리)
바늘 • 줄바늘 4.5mm, 돗바늘, 코바늘 6호

아이보리 스웨터
Ivory sweater

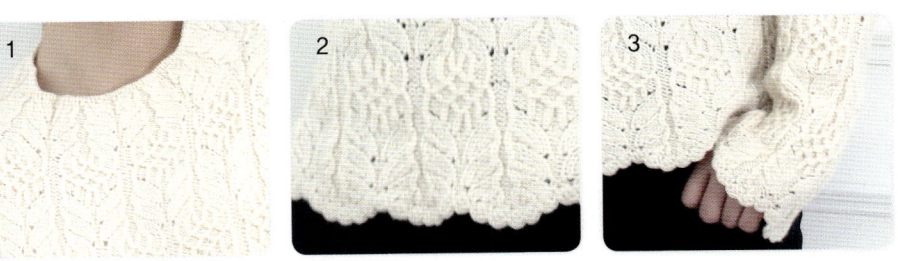

1. 반폴라 넥은 무늬뜨기 A-1로 뜬 뒤 돗바늘로 마무리한다.   2. 윗옷 밑단의 마무리는 무늬뜨기 B로 장식 마무리한다.
3. 소매는 무늬뜨기 A로 몸판을 뜨고 끝단은 무늬뜨기 B로 장식 마무리한다.

아이보리 스웨터
Ivory sweater

 **뜨는 방법**

① 뒤판은 기본코 128코를 만들어 무늬뜨기 A 7무늬로 시작해서 112단까지 뜨고 소매 둘레를 만드는데 양옆 가장자리를 각각 8코 막음한 뒤 2단마다 4코, 3코, 2코, 1코 순으로 줄여 92코가 되게 한다.

② 뒤판 160단까지 뜨고 뒤 목둘레를 만드는데 양 어깨코 각 20코를 7단 뜨고 마친다(도안 1 참고).

③ 앞판은 기본코 146코를 만들어 무늬뜨기 A 8무늬로 시작해서 112단까지 뜨고 소매 둘레를 만드는데 양옆 가장자리를 각각 8코 막음 뒤 2단마다 4코, 3코, 2코, 1코 순으로 줄여 110코가 되게 한다.

④ 앞판 142단까지 뜨고 가운데 50코를 빼놓고 양옆 가장자리를 2단마다 각각 4코, 3코, 2코, 1코 순으로 줄여 어깨코 20코가 되게 하고 18단을 뜬 다음 뒤판 어깨와 마주 붙인다.

⑤ 앞·뒤판 옆 솔기도 돗바늘로 붙여준다.

⑥ 목둘레는 146코를 주어 무늬뜨기 A-1로 18단을 뜬 다음 돗바늘로 마무리하고, 밑단은 코바늘 6호로 무늬뜨기 B 90무늬 1단을 뜨고 마친다.

⑦ 소매는 기본코 74코를 만들어 무늬뜨기 A 4무늬로 시작해서 146단까지 뜨는데 양옆 가장자리를 6단마다 1코 늘리기 18회한다.

⑧ 소매산은 양옆 가장자리를 각각 6코 막음한 뒤 2단마다 3코, 2코, 1코-13회, 2코, 3코 순으로 줄이고, 나머지 코는 막음코로 마무리한다.

⑨ 소매는 2장 떠서 옆 솔기를 붙인 후 몸판에 달아주고, 밑단은 코바늘 6호로 무늬뜨기 B 24무늬를 만들어 1단 뜬 다음 마치고 몸판에 달아준다.

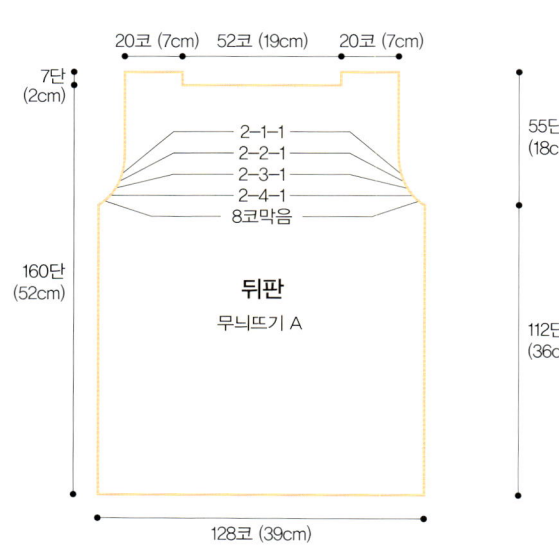

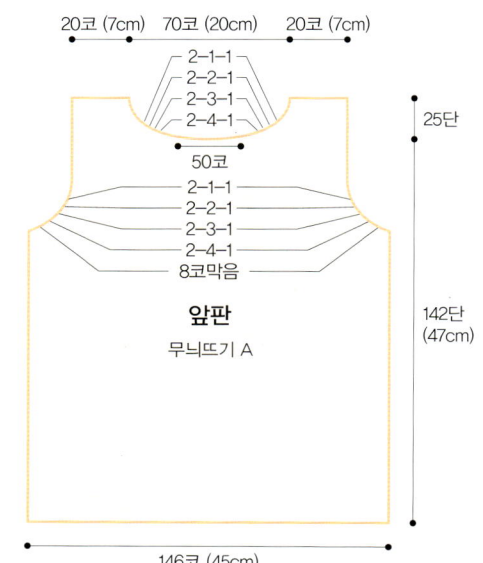

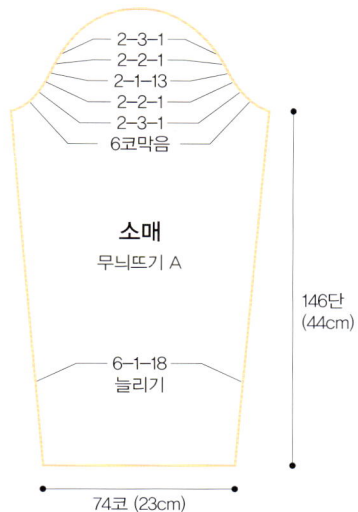

소매
무늬뜨기 A

146단 (44cm)

6-1-18 늘리기

74코 (23cm)

● 무늬뜨기 A (18코 54단 1무늬)

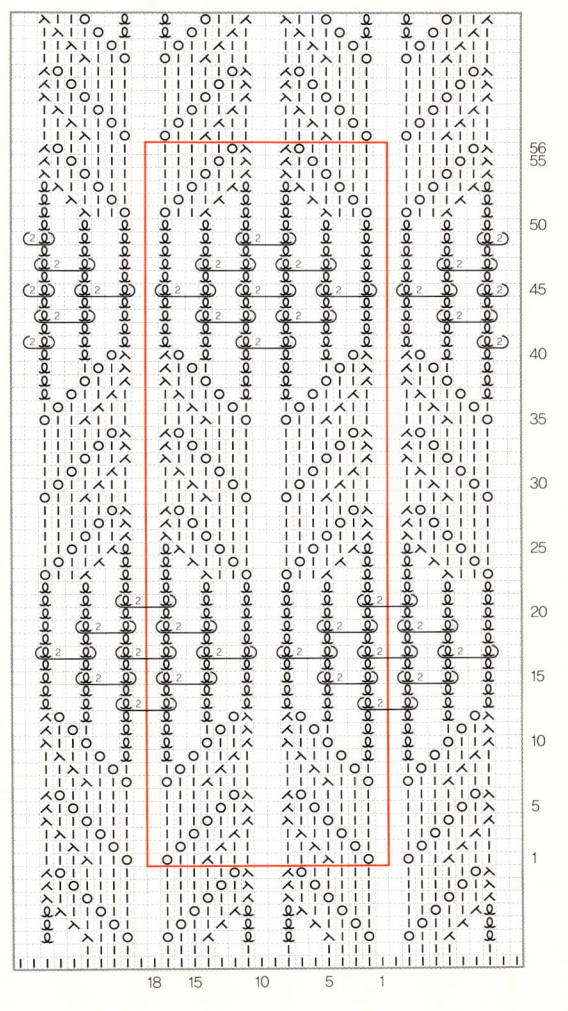

Tip • 무늬뜨기 A 뜨는 법

① 4코를 겉뜨기 1코 안뜨기 2코 겉뜨기 1코를 뜨고 보조 바늘에 4코를 따로 끼워둔다.

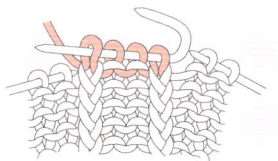

② 실로 보조 바늘에 끼워진 4코를 감는다.

③ 2회 정도 감아준다.

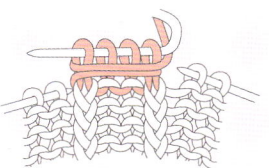

④ 보조 바늘에 있던 코를 본 바늘에 끼워주고 순서대로 떠 간다.

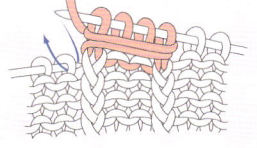

뒤판 (도안 1)

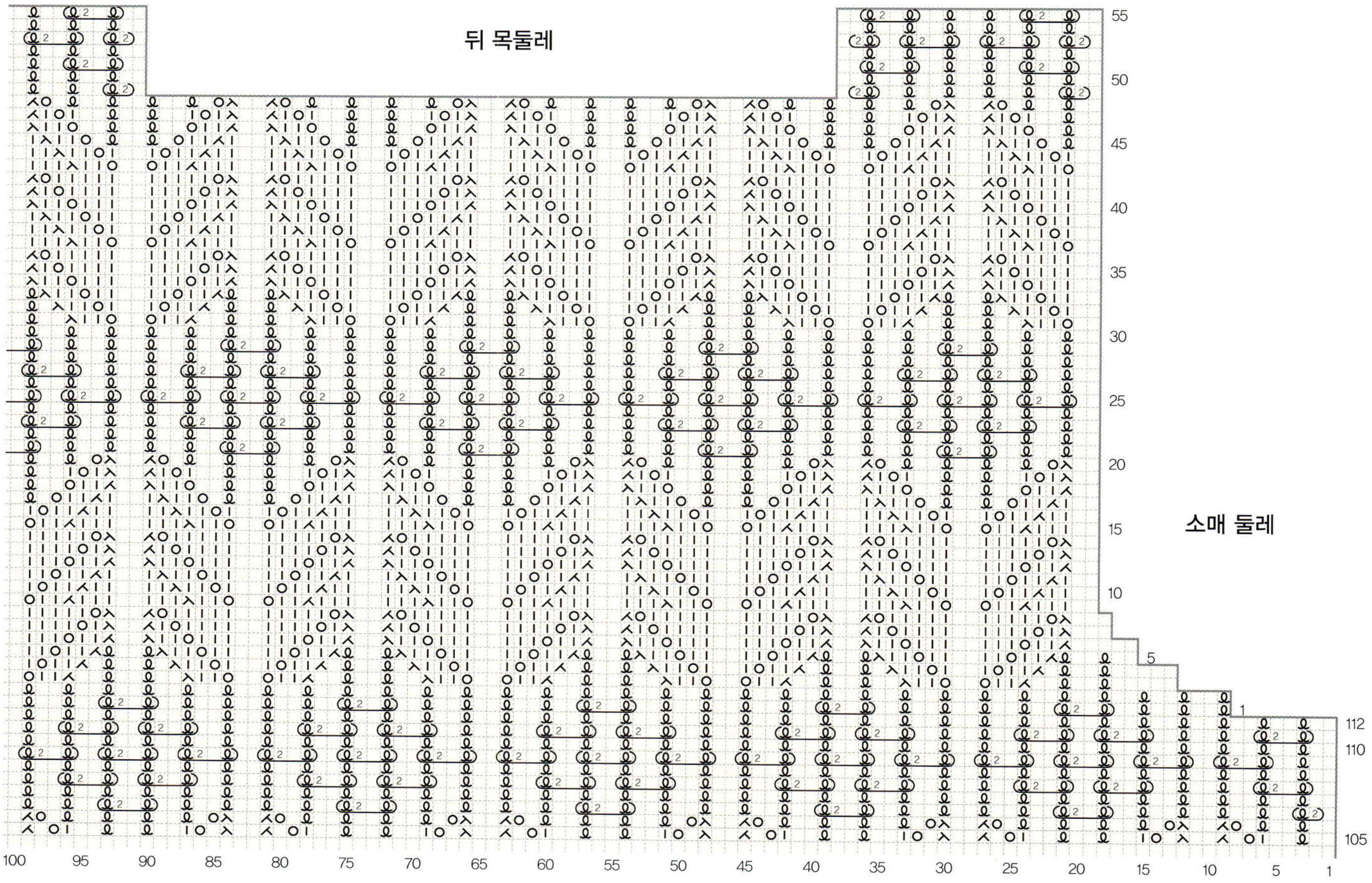

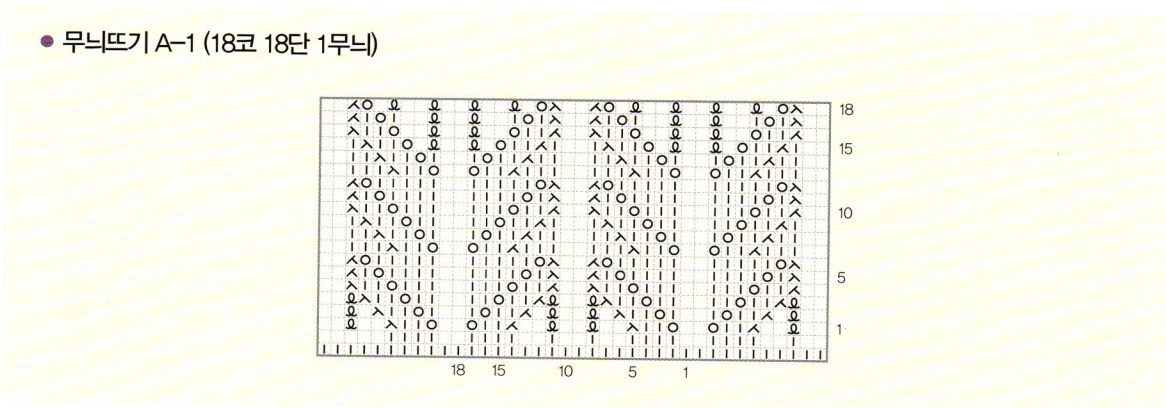

● 무늬뜨기 A-1 (18코 18단 1무늬)

● 무늬뜨기 B (3코 1단 1무늬)

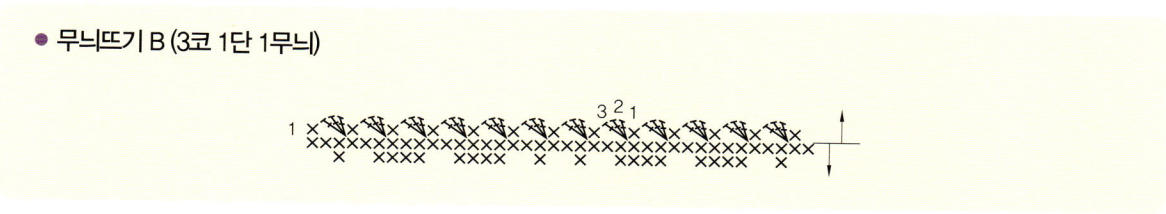

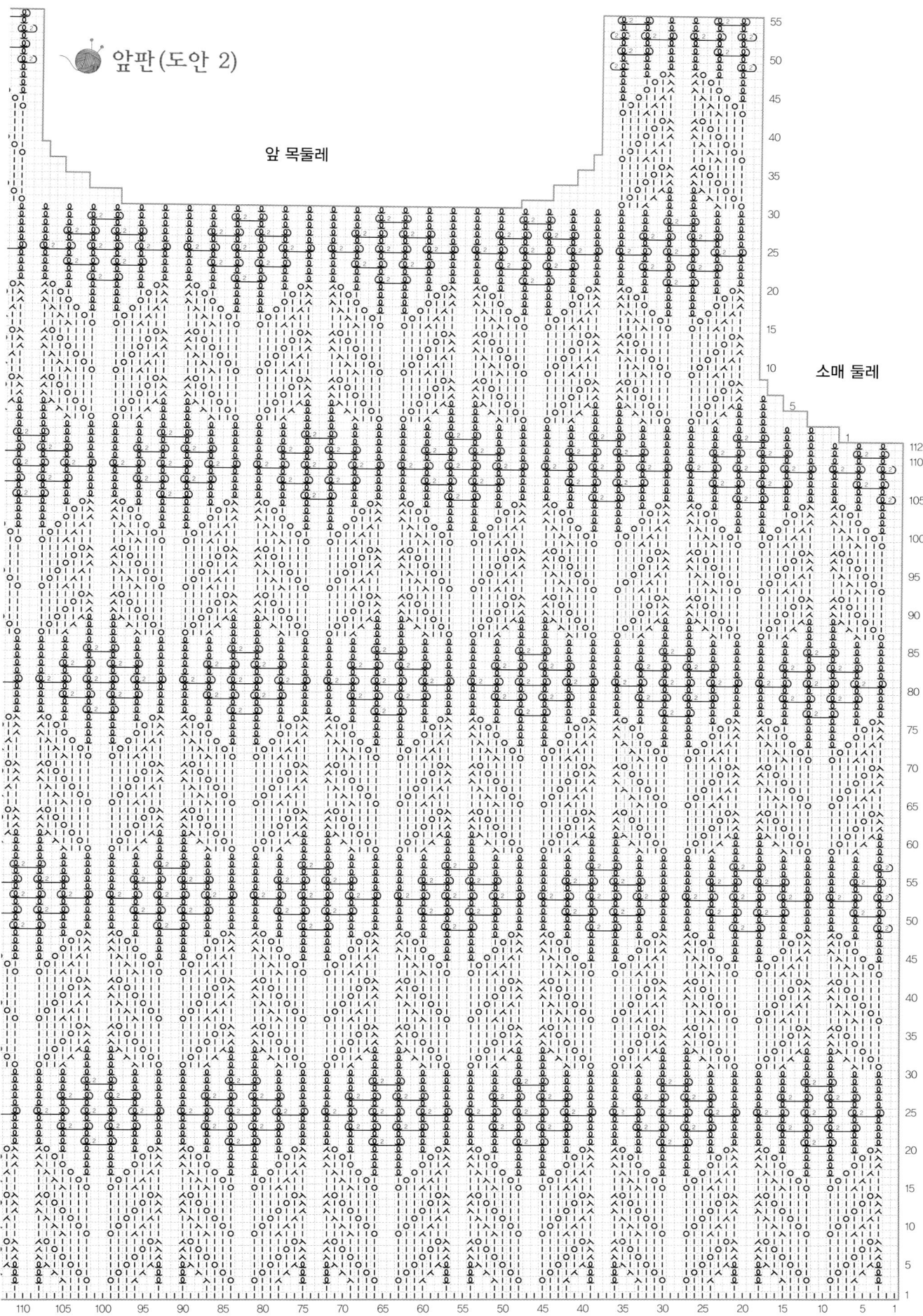

소매(도안 3)

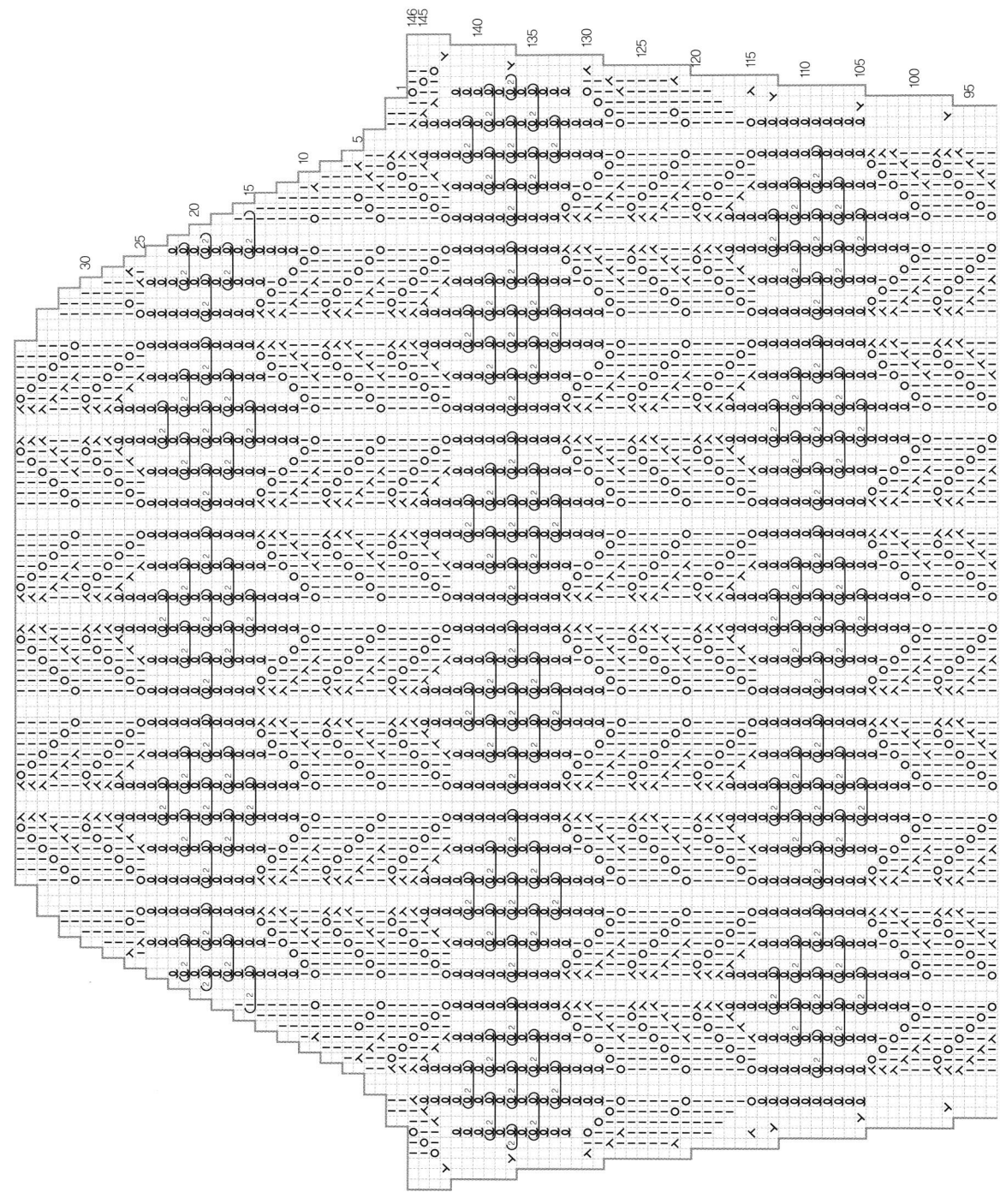

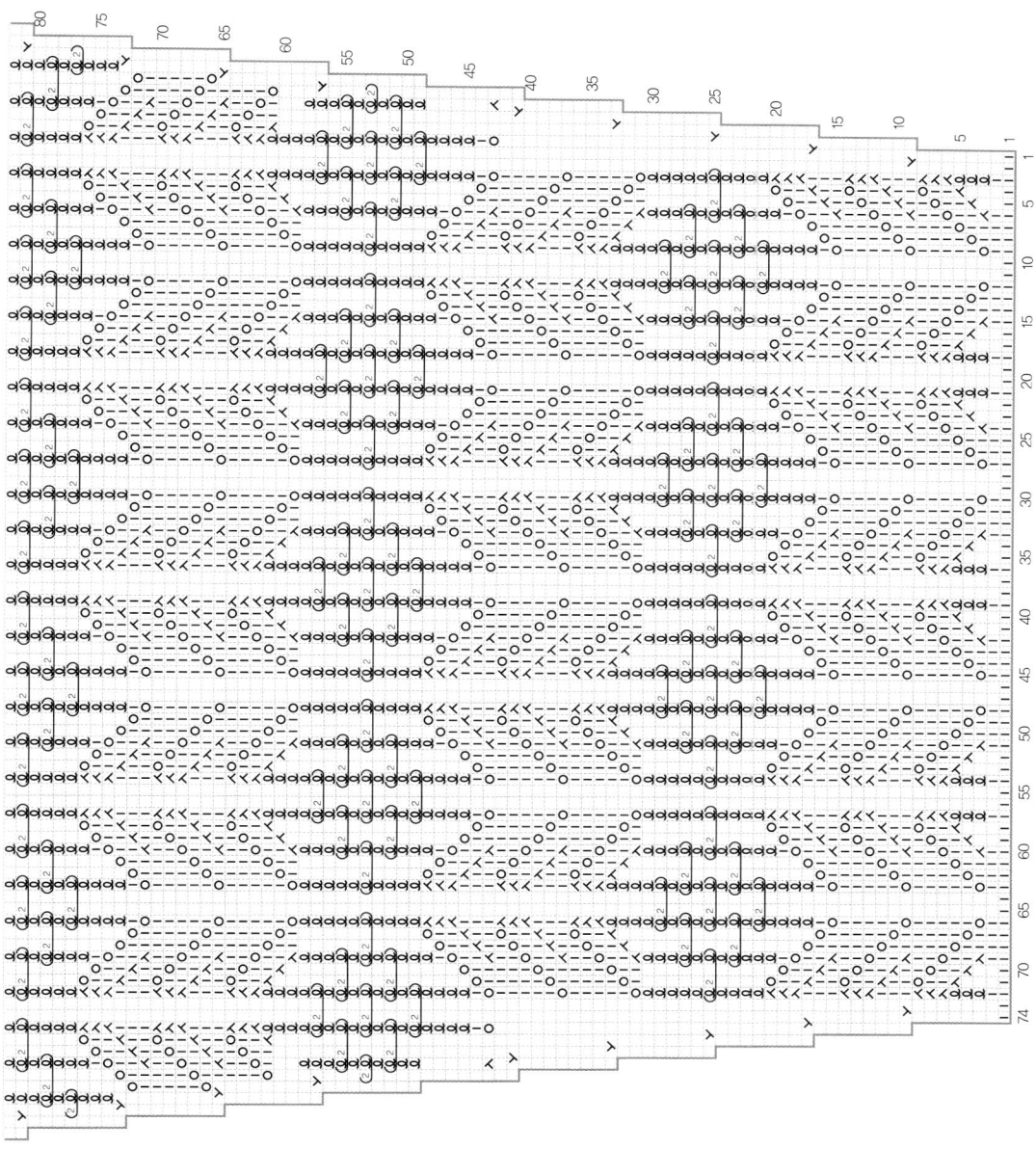

완성 치수
66 size

재료와 도구
실 • 순모 중세사(오렌지색), 밑실
바늘 • 2.5mm 줄바늘, 3.5mm 줄바늘, 돗바늘
부속품 • 단추 3개

오렌지색 카디건
Orange color cardigan

1. 칼라와 목둘레 부분
2. 앞단과 밑단의 앞섶 부분은 한꺼번에 코를 주어 곡선으로 뜬다.

오렌지색 카디건
Orange color cardigan

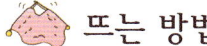 뜨는 방법

【뒤판】

❶ 3.5mm 줄바늘과 밑실로 144코 시작코를 만들어 본실로 무늬뜨기를 하는데 10단 뜬 후, 11단부터는 6단마다 1코씩 양옆 가장자리에서 줄이기 7회하여 50단까지 뜨고, 51단부터는 6단마다 양옆 가장자리에서 늘리기 7회하며 100단까지 뜬다.

❷ 101단째부터는 소매 둘레를 만드는데 7코 막음한 뒤 2단마다 4코, 3코, 2코, 1코 순으로 줄여 110코가 되게 한 뒤 62단을 뜨고, 63단째는 양 어깨코를 각 26코씩 뒷목코 58코가 되게 나누고, 양 어깨코는 각 6단씩 더 뜨고 마친다.

【앞판】

❶ 밑실과 3.5mm 줄바늘로 66코 시작코를 만들어 본실로 무늬뜨기를 하는데 앞 중심 쪽으로는 2단마다 1코씩 늘리기 8회하고, 옆구리 쪽으로는 11단째부터 6단마다 1코씩 줄이기 7회하며 50단까지 뜨고, 51단부터는 6단마다 1코 늘리기 7회하여 100단까지 뜬다.

❷ 101단째에는 앞 중심 쪽으로 2단에 1코 늘리기 10회하여 앞 칼라를 만들고, 옆구리 쪽으로는 소매 둘레를 만드는데 7코 막음한 뒤 2단마다 4코, 3코, 2코, 1코 순으로 줄인 후 무늬뜨기 58단을 뜬 뒤, 어깨코 26코만 10단 더 무늬뜨기하고 뒤판 어깨와 마주 붙인다.

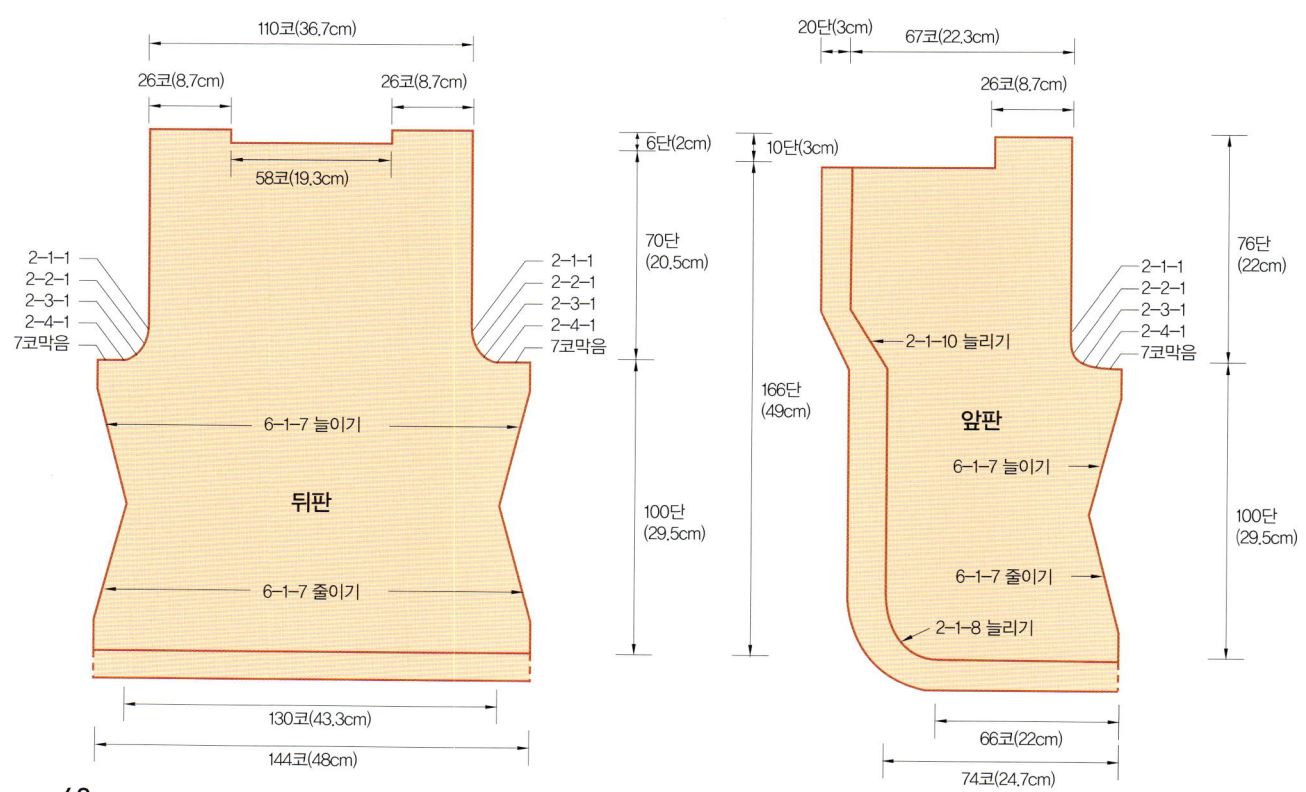

뒤판 (무늬뜨기 시작)

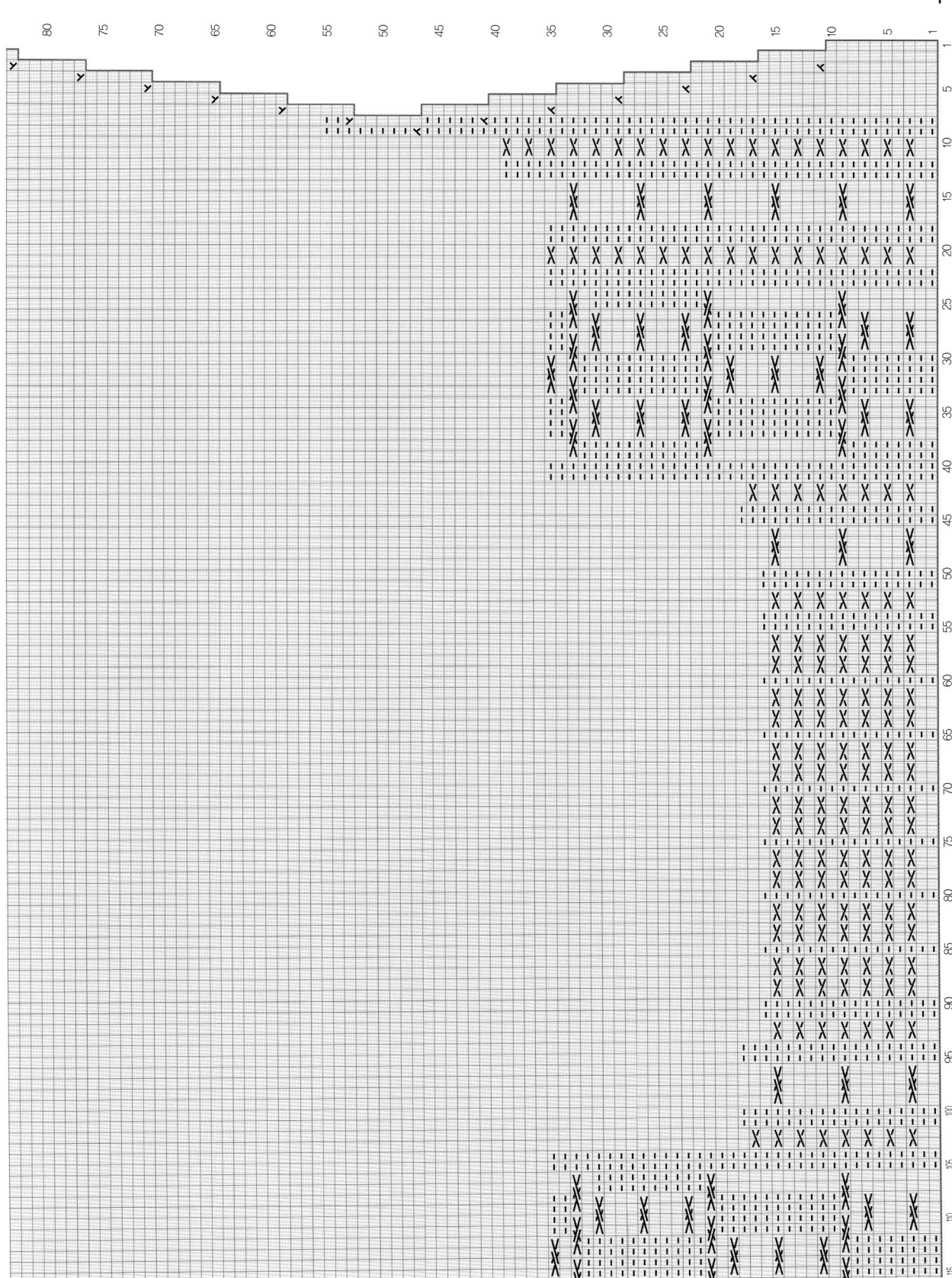

 앞판

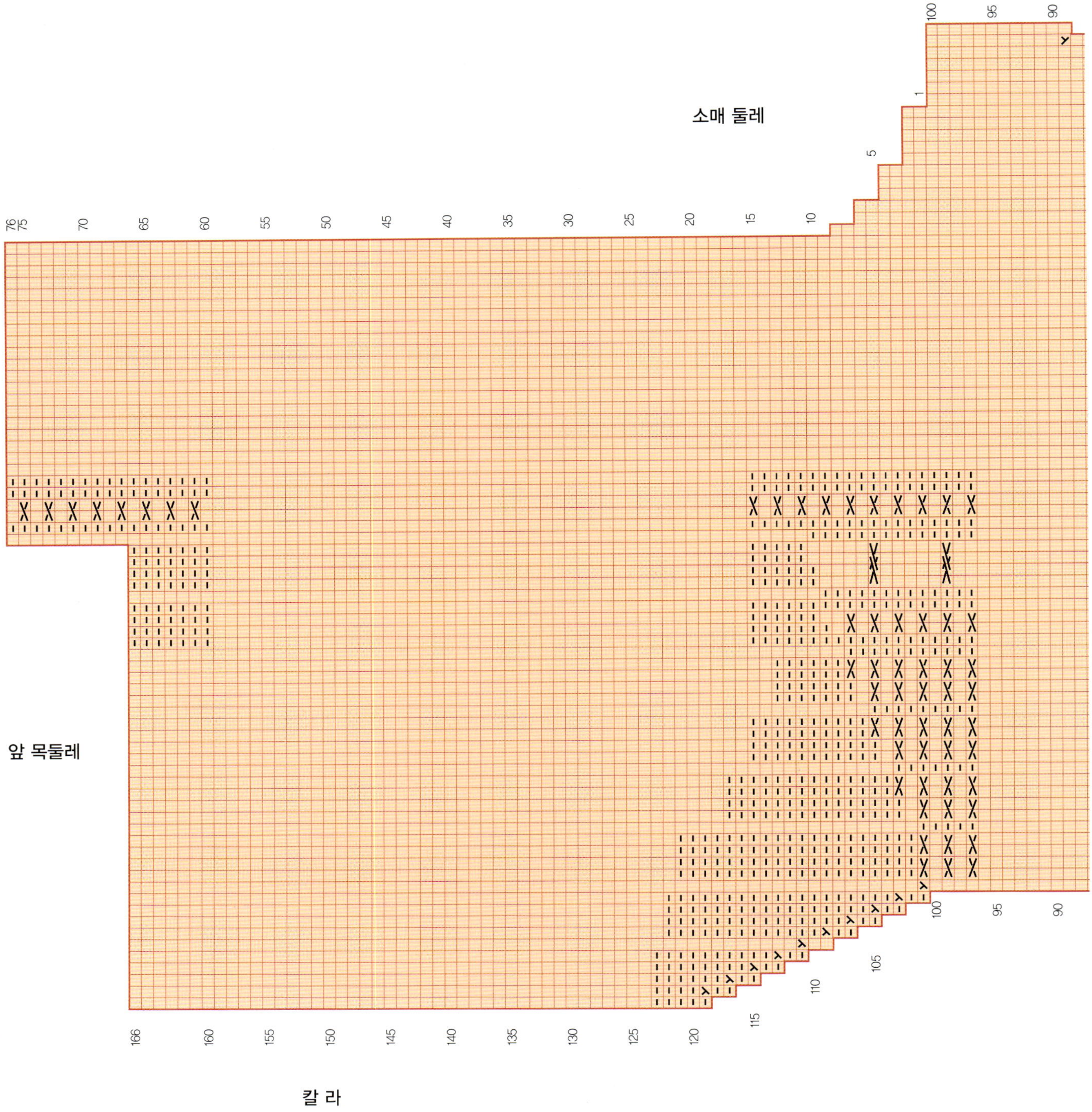

소매 둘레

앞 목둘레

칼 라

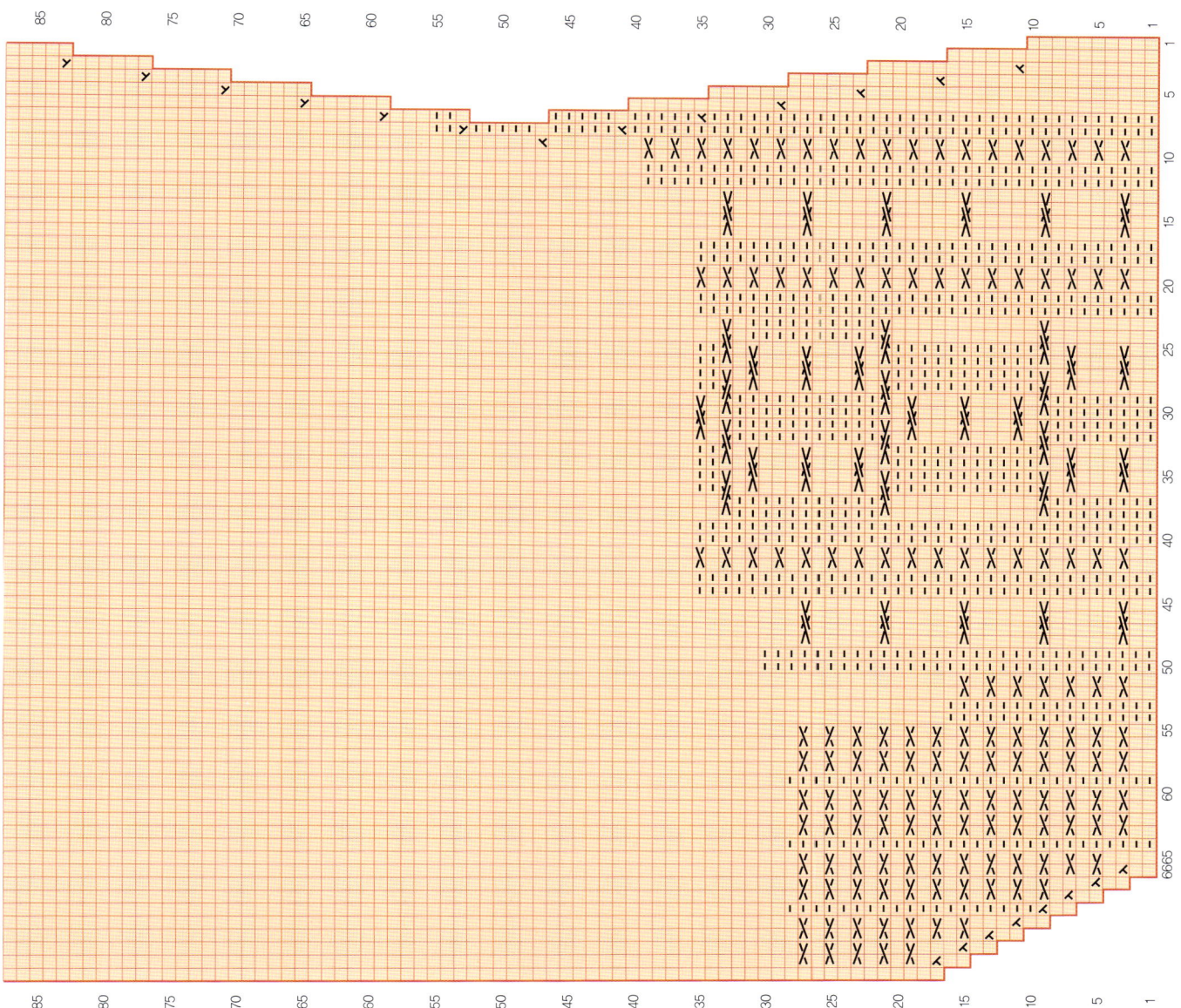

뜨는 방법

【소매】

❶ 밑실과 3.5mm 줄바늘로 68코 시작코를 만들고 본실로 28단 무늬뜨기한 뒤, 2.5mm 줄바늘로 양옆 단부분과 밑실 시작 부분 3면에서 130코를 주어 이면뜨기 16단 뜨고 돗바늘로 마무리한다.

❷ 양옆 단뜨기한 가장자리에서 각 7코씩 주어 82코가 되게 하여 무늬뜨기를 하는데 8단마다 양옆 가장자리에서 1코씩 늘리기 12회하며 98단을 더 올린다.

❸ 99단째부터는 소매산을 만드는데, 6코 막음한 뒤 2단마다 3코, 2코, 1코 – 12회, 2코, 3코 순으로 줄인 뒤 막음코로 마무리한다.

【단 뜨기】

❶ 왼쪽 앞 중심 단부터 시작해 왼쪽 앞 밑실 시작코 부분, 뒤판 밑실 시작코 부분, 오른쪽 밑실 시작코 부분, 오른쪽 앞 중심 단까지 2.5mm 줄바늘로 628코를 주어 이면뜨기 20단 뜨고 돗바늘로 마무리한다.

❷ 목 칼라는 72코를 주어 2코 고무뜨기를 하는데 중심 부분에서는 4단마다 코늘리기 하고 양옆 가장자리로 4단마다 코를 늘리기해서 46단 뜬 후 돗바늘로 마무리하고 앞판 중심단 칼라와 붙여 고정한다.

※ 밑실은 몸판 완성 후 풀어낸다.

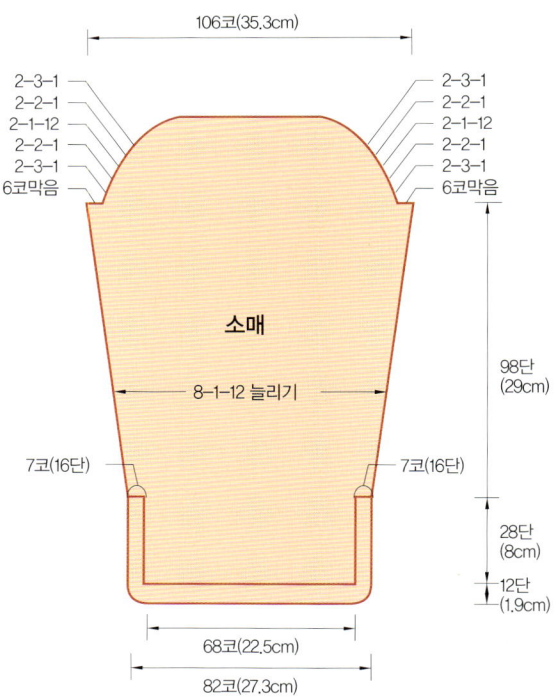

소매

칼라

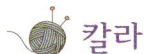

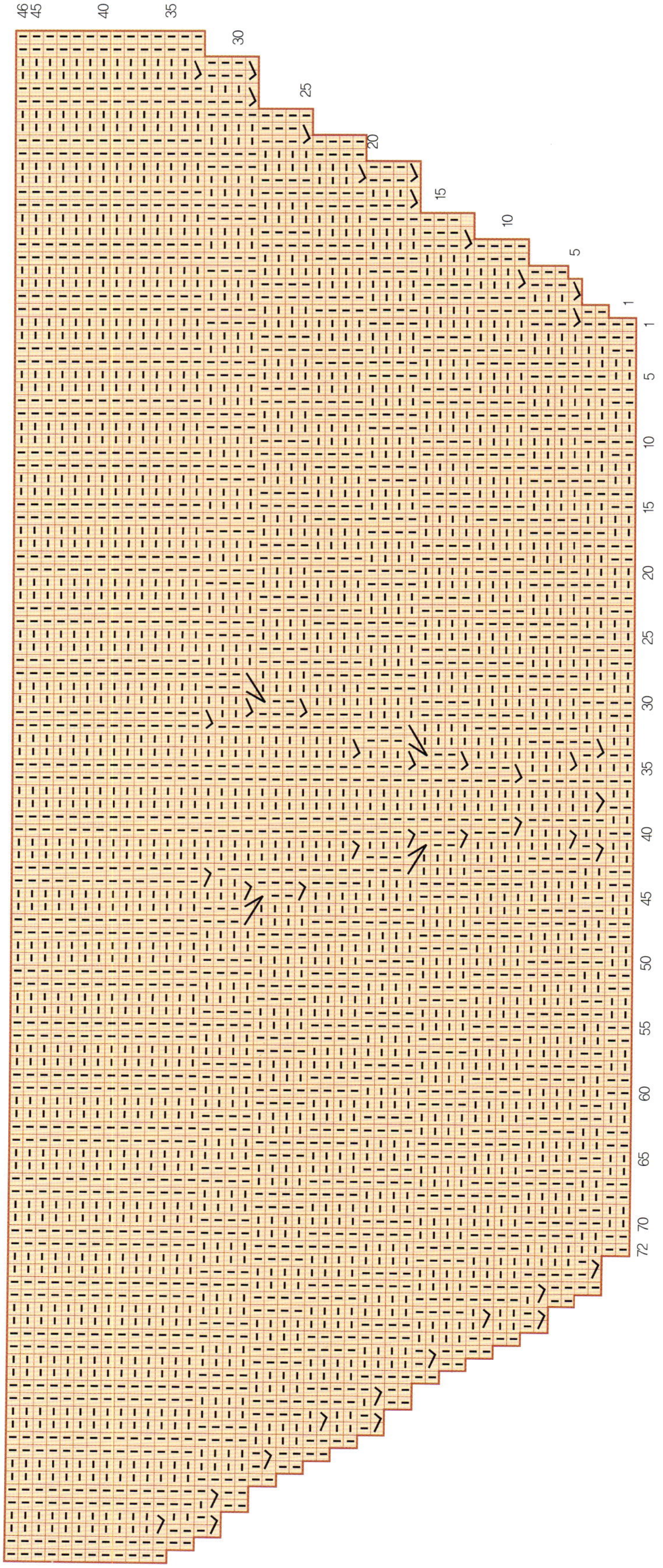
46 45 40 35 30 25 20 15 10 5 1
1 5 10 15 20 25 30 35 40 45 50 55 60 65 70 72

완성 치수
66 size

재료와 도구
실 • 알파카(밤색)
바늘 • 대바늘 6mm(줄바늘 6mm),
대바늘 4mm(줄바늘 4mm),
돗바늘
부속품 • 단추 5개

밤색 스키 웨어
Chestnut ski-wear

  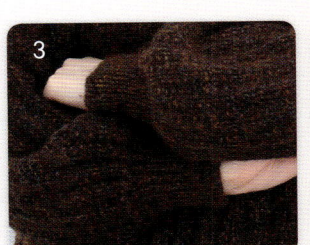 

1. 목 칼라는 넓게 뜨고 단추를 달아 여러 스타일로 연출한다. 2. 1코 고무뜨기로 뜬 밑단 부분 3. 소매 부분 4. 몸판 무늬뜨기

밤색 스키 웨어
Chestnut ski-wear

 뜨는 방법

【뒤판】

① 4mm 대바늘로 흔들코 101코 시작코를 만들어 1코 고무뜨기로 60단을 뜬다.

② 61단부터는 6mm 대바늘로 바꿔 무늬뜨기하여 140단까지 뜬다.

③ 141단에는 11코를 막음하여 79코를 만든 후 68단을 더 떠서 소매둘레를 만든다.

④ 뒤 목둘레는 203단째, 양어깨는 각 20코, 뒷목코는 39코가 되게 3등분한 후 양 어깨코(20코) 부분만 6단씩 더 뜬다.

【앞판】

① 4mm 대바늘로 흔들코 107코 시작코를 만들어 1코 고무뜨기로 60단을 뜬다.

② 61단부터는 6mm 대바늘로 바꿔 무늬뜨기하며 120단까지 뜬다.

③ 121단에는 2등분하여 중심을 기준으로 9코를 남기고 오른쪽·왼쪽 부분 각 60단을 더 뜬다.

④ 141단에는 11코를 막음하여 한쪽면이 38코가 되게 180단까지 뜨고 181단부터 앞 목을 만드는데 먼저 8코를 막음하고 2단마다 4코, 3코, 2코, 1코 순으로 줄여 20코가 되게 한 후 208단까지 뜬다.

⑤ 208단까지 뜨면 앞·뒤판 어깨를 맞붙인다.

⑥ 가운데 중심으로 남긴 곳 왼쪽·오른쪽 앞단 부분을 각 61코씩 주어 1코 고무뜨기 12단을 뜬 후 돗바늘로 마무리한다. 한쪽에는 단추구멍을 만들어 준다.

⑦ 양어깨와 앞단을 다 뜨고 붙인 후 목코를 123코 주어 1코 고무뜨기 36단을 뜬다. 앞단 단추구멍 낸 곳 반대편에 단추구멍을 내고 45단에 두 번째 단추구멍을 낸 후 54단까지 뜬 후 돗바늘로 마무리한다.

【소매】

① 4mm 대바늘로 흔들코 49코 시작코를 만들어 1코 고무뜨기로 24단을 뜨고, 6mm 대바늘로 70코가 되게 늘린 후 무늬뜨기하는데 8단마다 양옆 가장자리에서 1코씩 늘리기 12회하여 96단 94코 되게 뜬다.

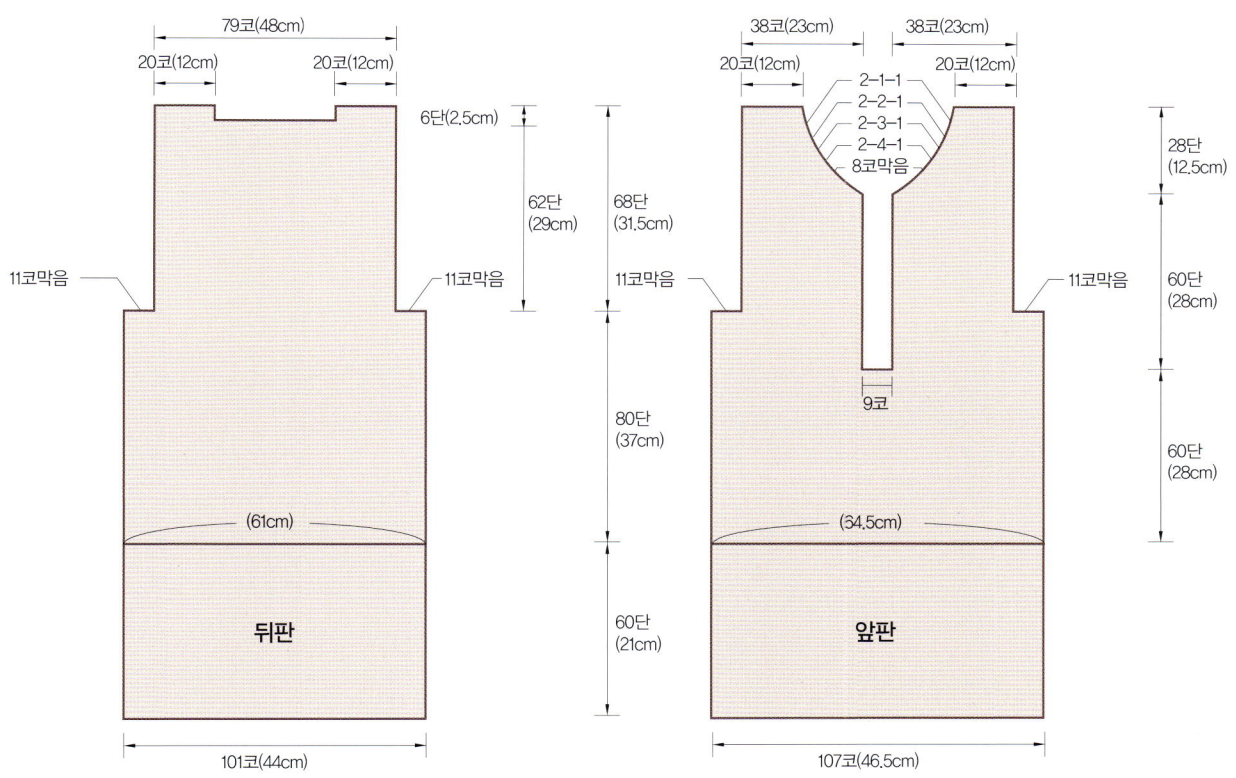

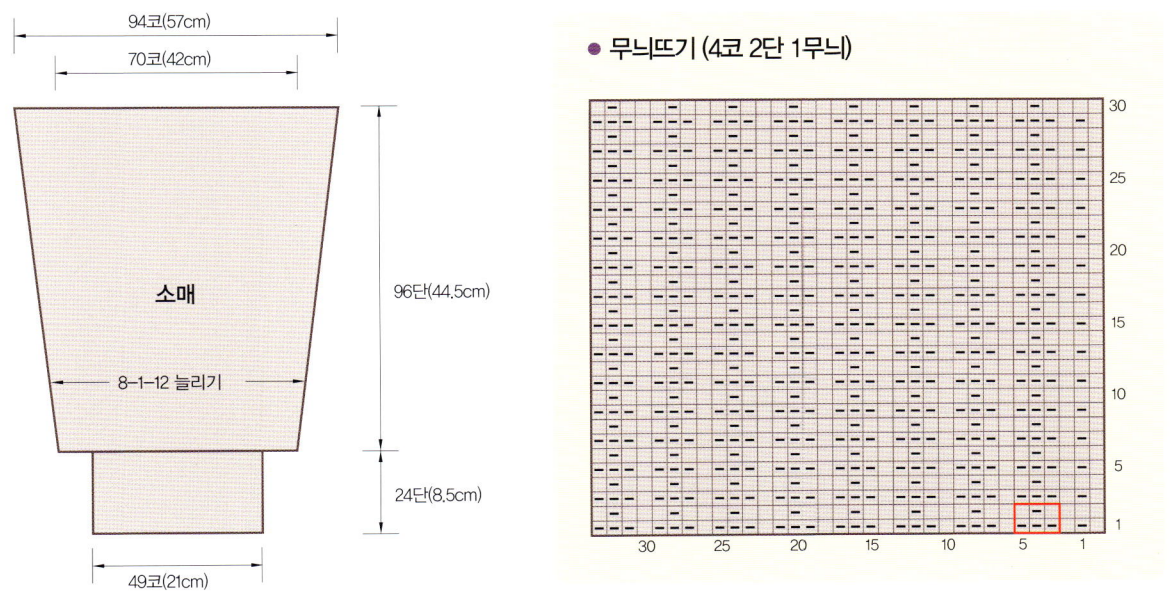

● 무늬뜨기 (4코 2단 1무늬)

 앞판

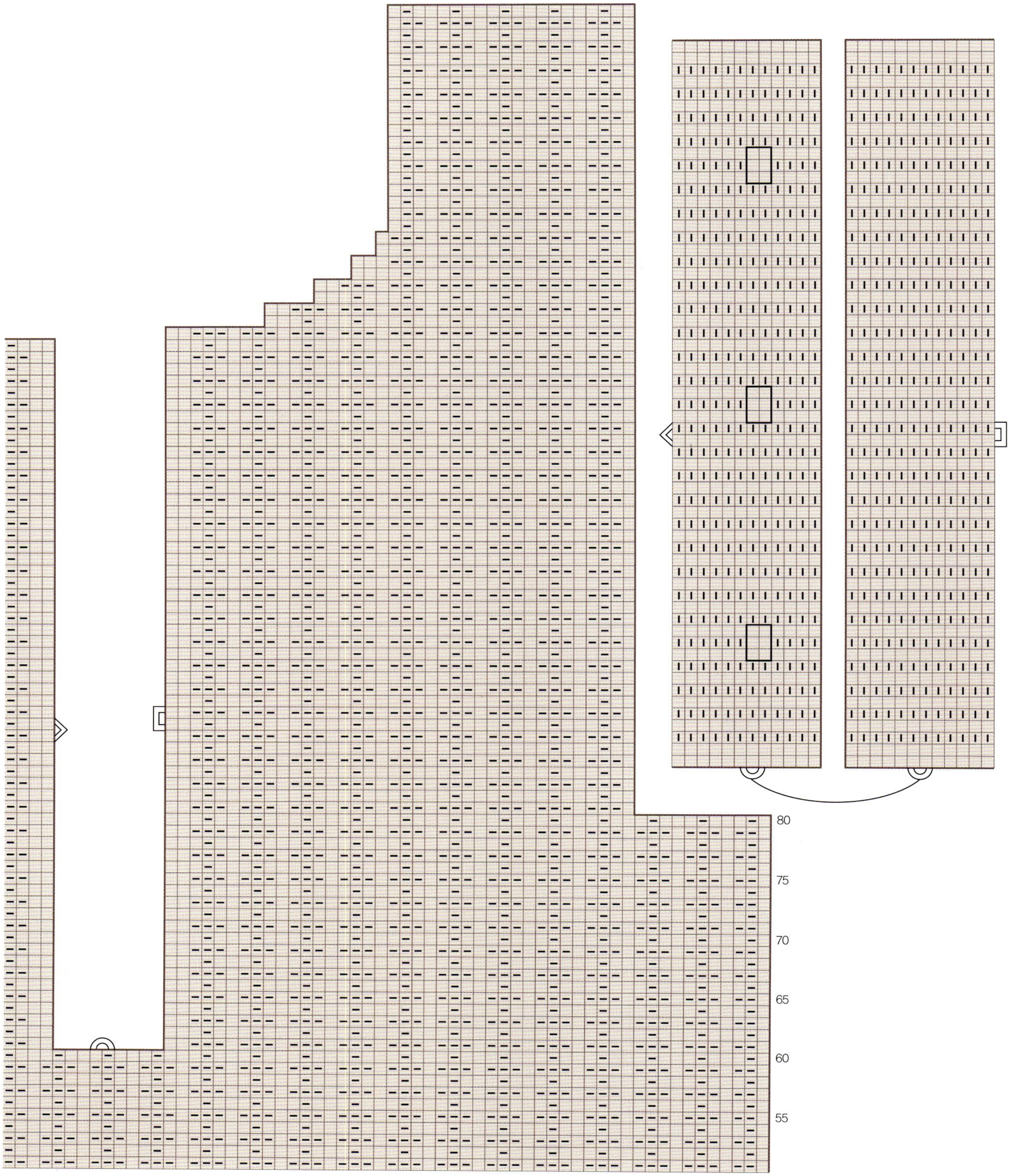

 소매

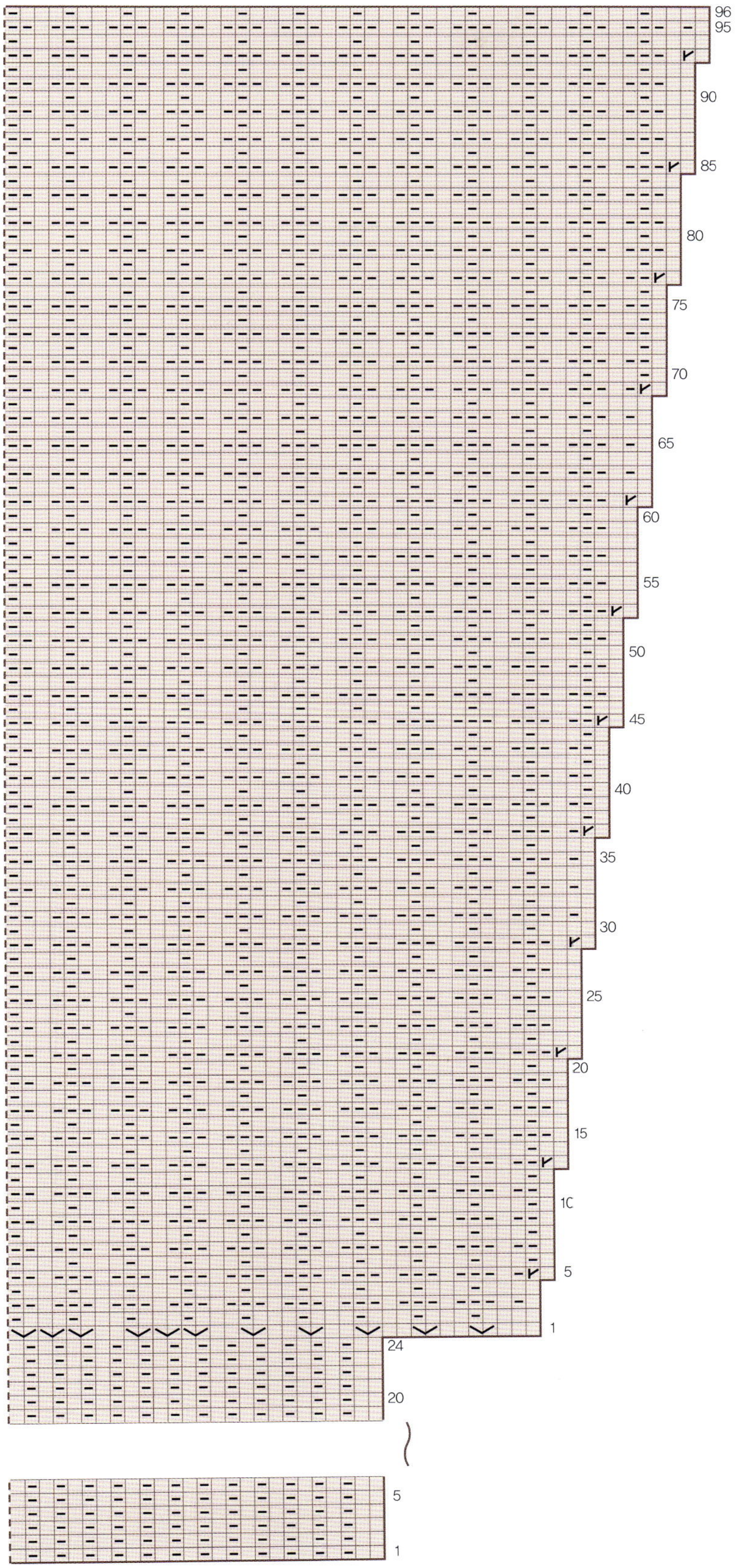

완성 치수
88 size

재료와 도구
실 • 순모 중세사(벽돌색), 밑실
바늘 • 2.5mm 줄바늘, 3.5mm 줄바늘, 돗바늘, 코바늘 3호
부속품 • 단추 10개, 주머니용 안감 조금

벽돌색 반코트
Brick color a half-coat

1. 앞판과 앞 중심단은 같이 뜨고 속단은 따로 떠서 돗바늘로 붙인다. 2. 목단은 4코 꼬아뜨기로 길게 떠서 반으로 접어 붙인다.
3. 소매산과 몸판 소매 둘레단과 일치하므로 돗바늘로 붙인다. 4. 소매 끝단은 접는 단으로 겉과 속을 주의해서 뜬다.

벽돌색 반코트
Brick color a half-coat

 뜨는 방법

【뒤판】

❶ 3.5 줄바늘과 밑실로 184코 시작코를 만들고 본실로 무늬뜨기를 52단 뜨면 2.5mm 줄바늘로 3면에서 292코를 주어 이면뜨기로 18단 뜬 뒤 돗바늘로 마무리한다.

※ 단뜨기가 끝나면 밑실은 풀어낸다.

❷ ❶이 되면 양옆 이면뜨기 단에서 각 9코씩 주어 202코가 되게 한 뒤 118단을 떠올리는데 10단마다 양옆 가장자리에서 각 1코씩 줄이기를 11회 한다.

❸ ❷까지 되면 소매 둘레를 만드는데 먼저 8코를 막음한 뒤 1단마다 1코씩 줄이기 22회 하고 2단마다 1코씩 줄이기 37회 하여 46코가 되게 한 뒤 막음코로 마무리한다.

【앞판】 - 한쪽면

❶ 3.5mm 바늘과 밑실로 106코 시작코를 만들고 본실로 무늬뜨기를 52단 뜨면 2.5mm 바늘로 2면에서 163코를 주어 이면뜨기를 18단 뜬 뒤 돗바늘로 마무리한다.

※ 단뜨기가 끝나면 밑실은 풀어낸다.

❷ ❶이 되면 이면뜨기 단에서 9코를 주어 115코가 되게 한 뒤 12단을 뜬 다음 주머니 입구를 만드는데 앞 중심을 기준으로 80코만 무늬뜨기를 하며 48단 뜨고 나면 주머니 입구 쪽에서 2.5mm 바늘로 48코를 주어 1코 고무뜨기 16단을 뜬 뒤 돗바늘로 마무리한다.

❸ ❷가 끝나면 남겨두었던 33코를 주머니 한쪽 입구 단에 붙여 무늬뜨기하면서 48단을 뜨는데 뒤판처럼 옆구리 쪽으로 10단마다 1코씩 줄인다.

❹ ❸이 다 되면 먼저 떠 두었던 부분과 연결해서 주머니 입구를 완성하고 58단을 더 뜬 후 소매 둘레를 만드는데, 8코 막음한 뒤 1단마다 1코씩 줄이기 18회, 2단마다 1코씩 줄이기 39회 한다.

❺ 8코 막음한 후로 60단이 되면 앞 목을 만드는데, 먼저 16코를 막음하고 2단마다 4코, 3코, 2코, 1코 - 15회하여 모든 코를 없앤다.

❻ 다른 쪽도 ❶~❺까지의 순서로 뜬다.

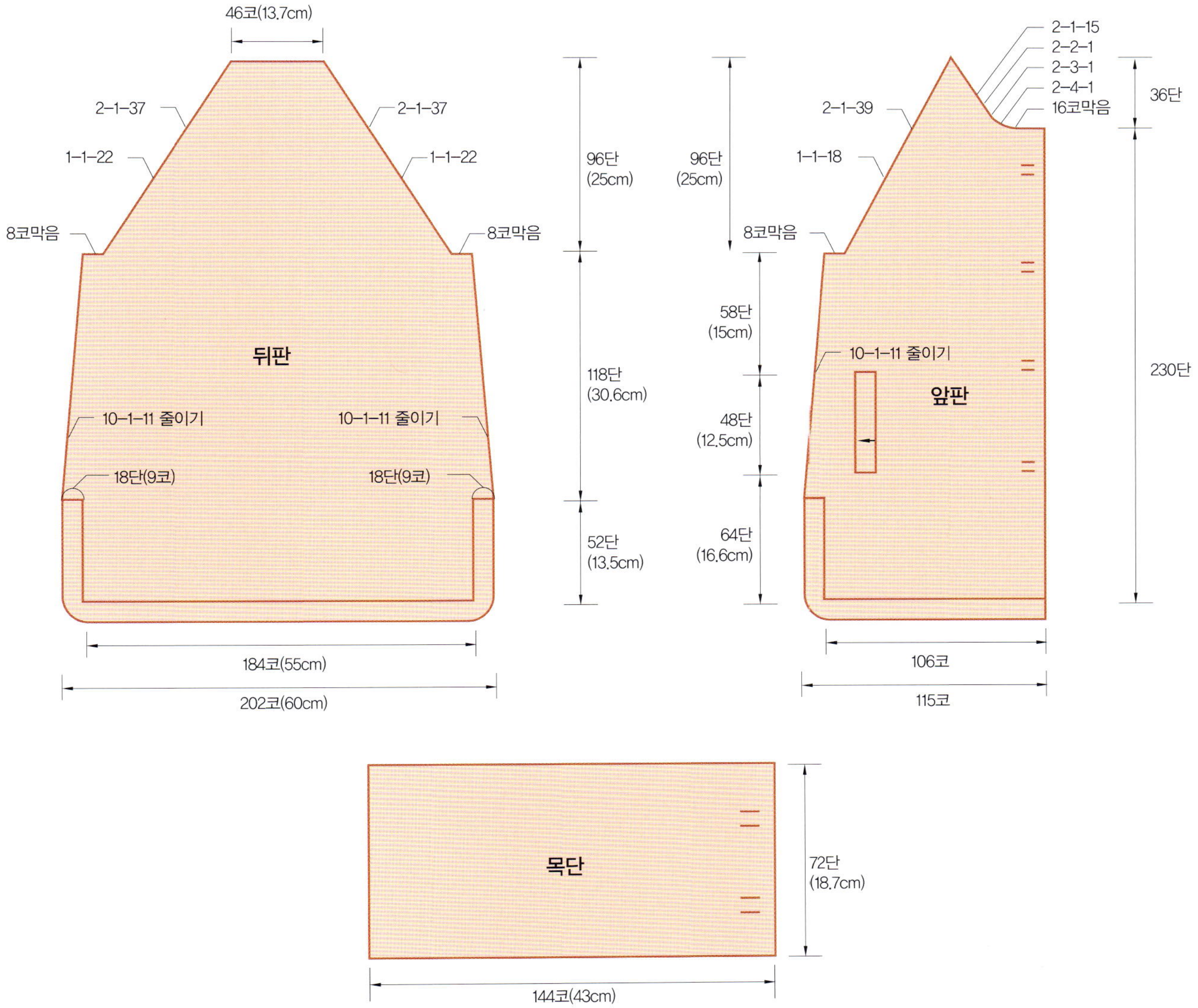

46코(13.7cm)
2-1-37
2-1-37
1-1-22
1-1-22
8코막음
8코막음
뒤판
10-1-11 줄이기
10-1-11 줄이기
18단(9코)
18단(9코)
184코(55cm)
202코(60cm)
96단 (25cm)
118단 (30.6cm)
52단 (13.5cm)
96단 (25cm)
58단 (15cm)
48단 (12.5cm)
64단 (16.6cm)
2-1-15
2-2-1
2-3-1
2-4-1
16코막음
36단
2-1-39
1-1-18
8코막음
10-1-11 줄이기
앞판
230단
106코
115코
목단
72단 (18.7cm)
144코(43cm)

- 무늬뜨기 (6코 6단 1무늬)

25
20
15
10
5
1
25
20
15
10
5
1

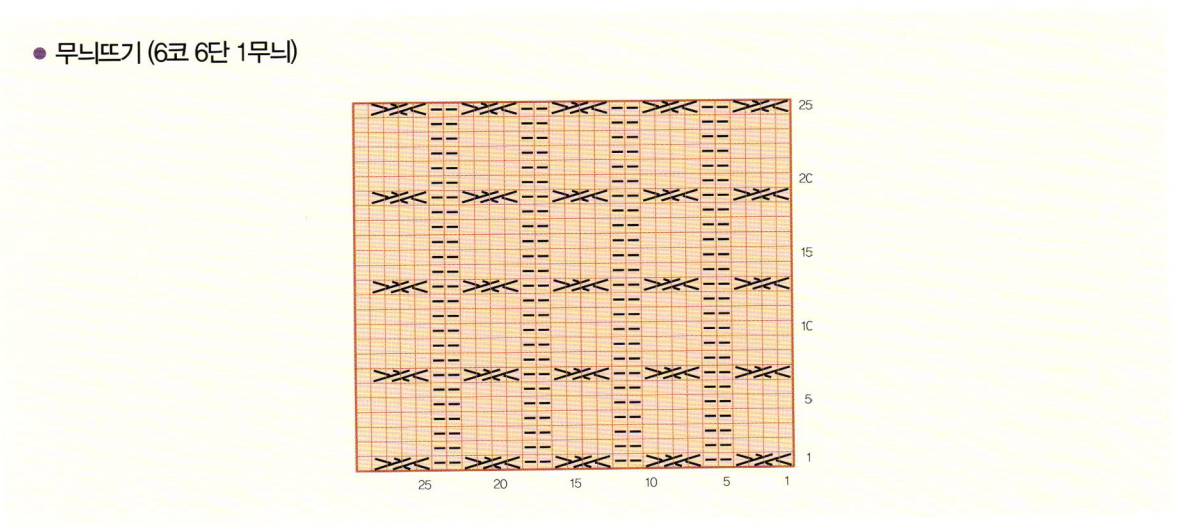

 뒤판

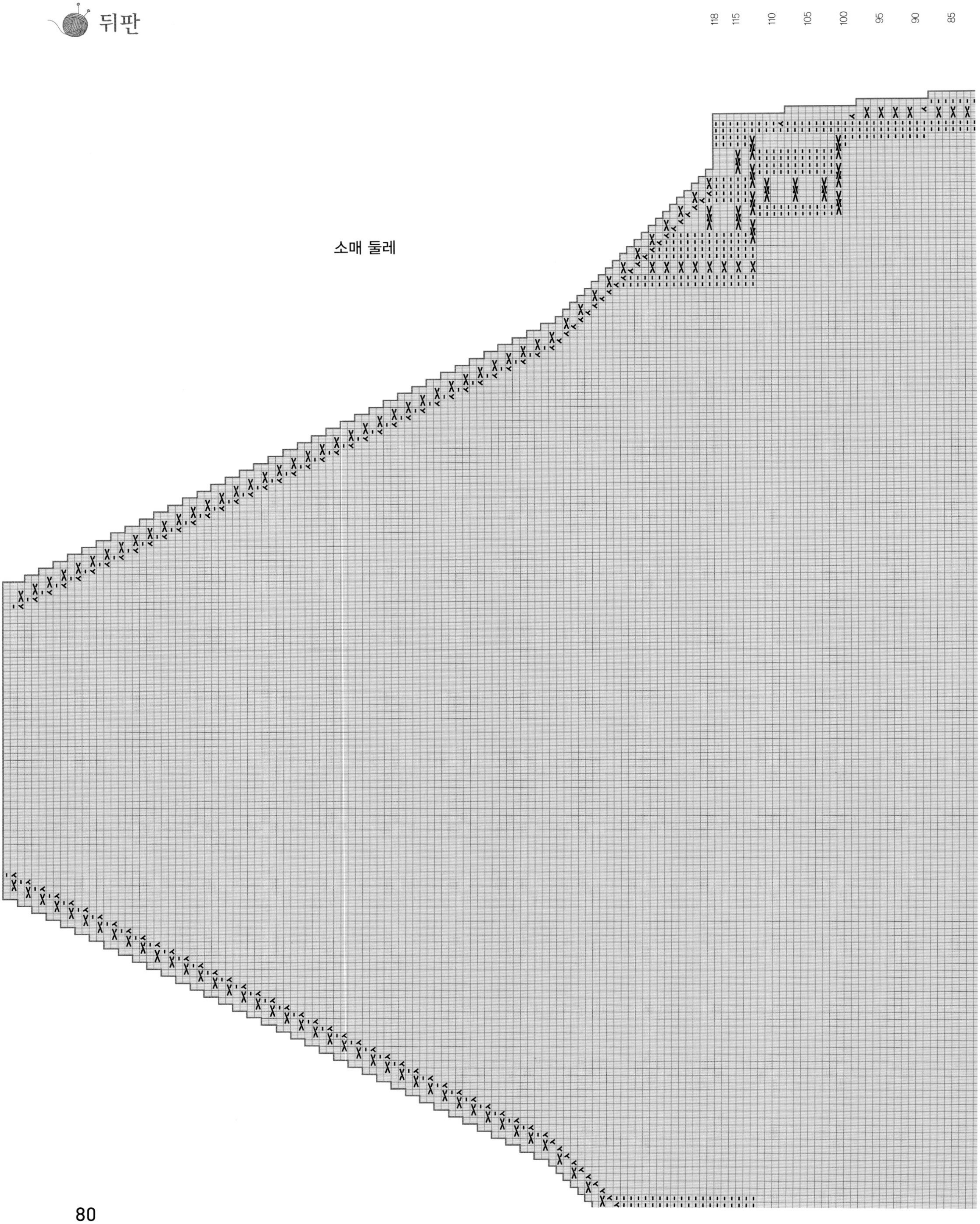

소매 둘레

118 115 110 105 100 95 90 85

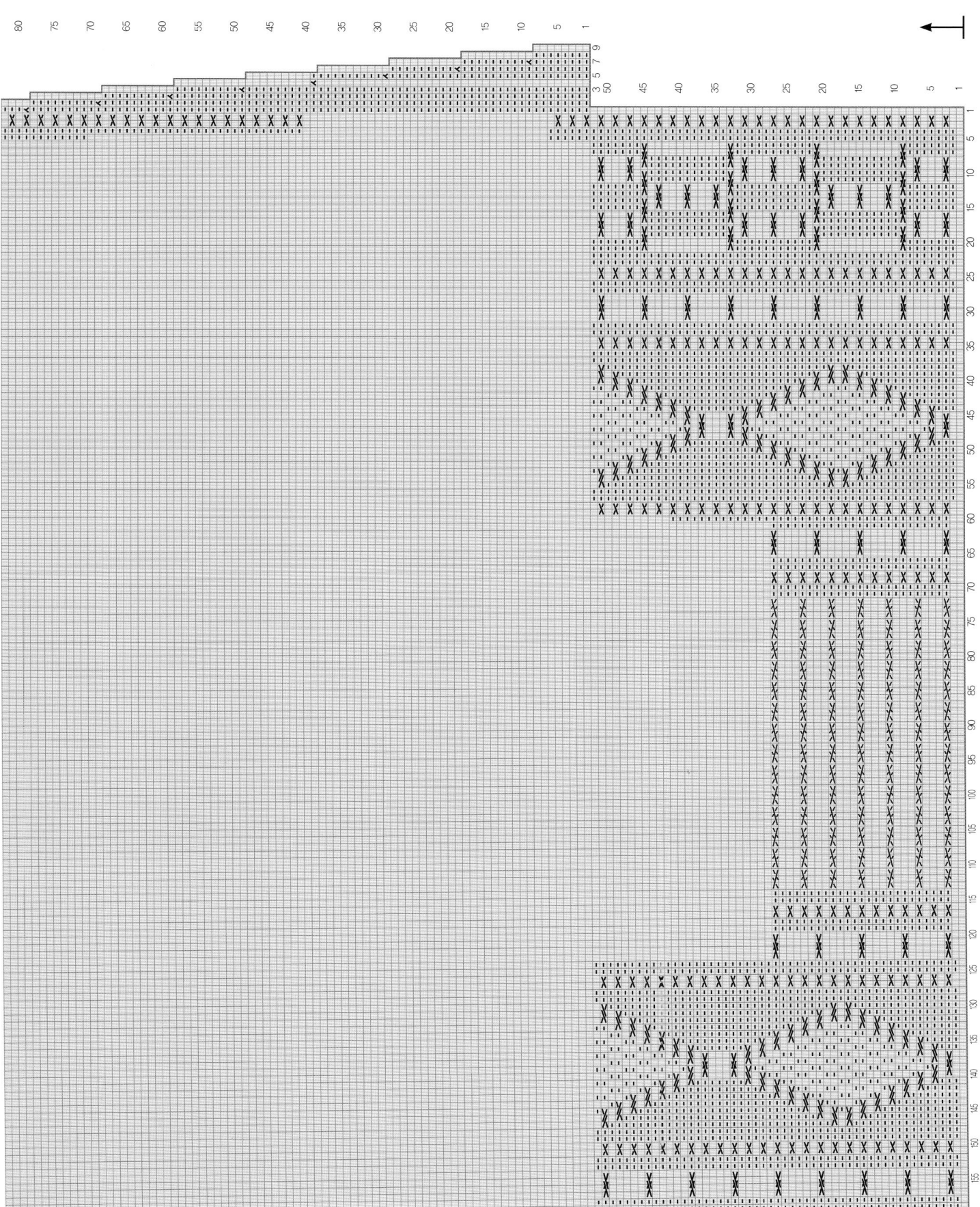

앞판

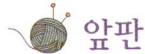

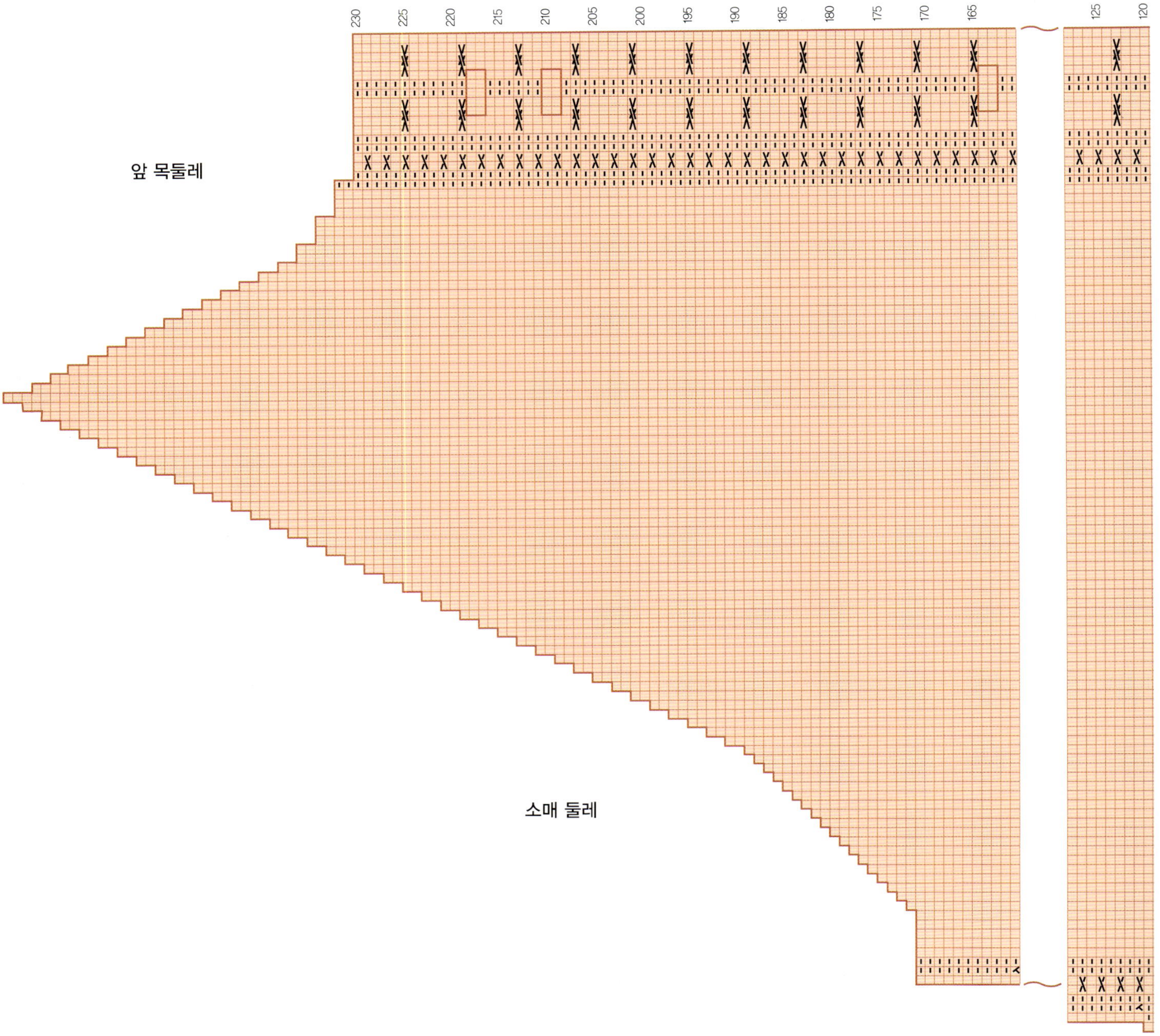
230
225
220
215
210
205
200
195
190
185
180
175
170
165
125
120
앞 목둘레
소매 둘레

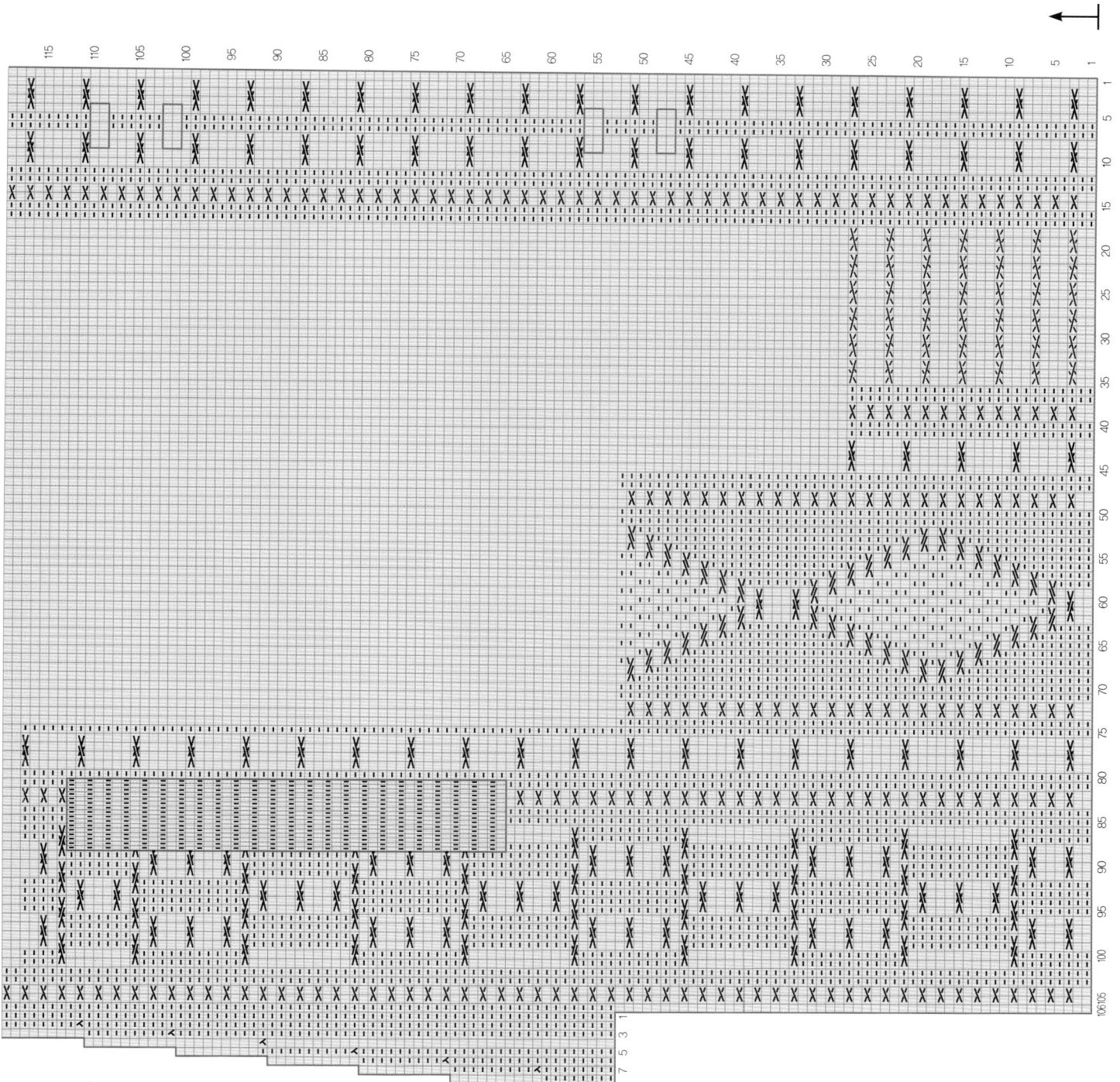

 뜨는 방법

【소매】

❶ 3.5mm 바늘과 밑실로 96코를 만든 후 본실로 무늬뜨기를 156단 뜨는데 8단마다 양옆 가장자리에서 1코씩 늘리기 18회 한다.

❷ ❶이 다 되면 소매산을 만드는데 8코를 막음한 뒤 1단에 1코씩 줄이기 4회 하고 2단마다 1코씩 줄이기 46회하여 18코가 되면 막음코로 마무리한다.

❸ 밑실 시작 부분에서 3.5mm 바늘로 96코를 주어 무늬뜨기 16개로 시작하여 42단 뜨는데 12단마다 양옆 가장자리에서 1코씩 늘리기를 3회 한다.

❹ ❸은 꺾는 단이므로 윗단과 달리 안과 겉이 반대되게 뜨고, 마지막은 막음코 처리 후 코바늘을 이용하여 되돌아뜨기로 장식한다.

【목단】

❶ 앞·뒤 소매 둘레 부분을 돗바늘로 모두 붙이고, 3.5mm 바늘로 목둘레코 144코를 주어 무늬뜨기를 72단 뜨고, 반으로 접어 목단 시작 부분에 감침질한다.

❷ 앞판 속단은 각 10코씩 만들어 230단 메리야스뜨기해서 돗바늘로 붙인다.

❸ 속단까지 붙이고 나면 코바늘로 되돌아뜨기해서 앞 중심선을 장식한다.

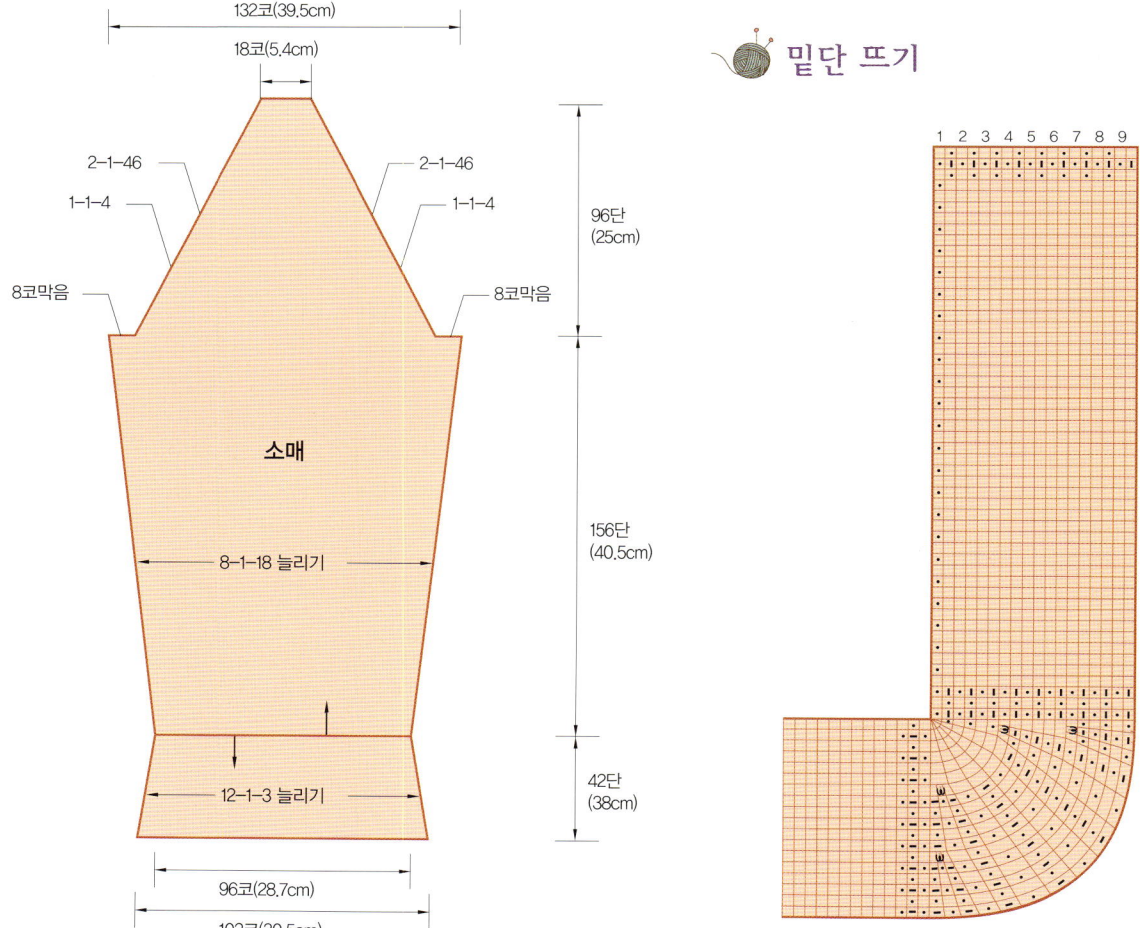

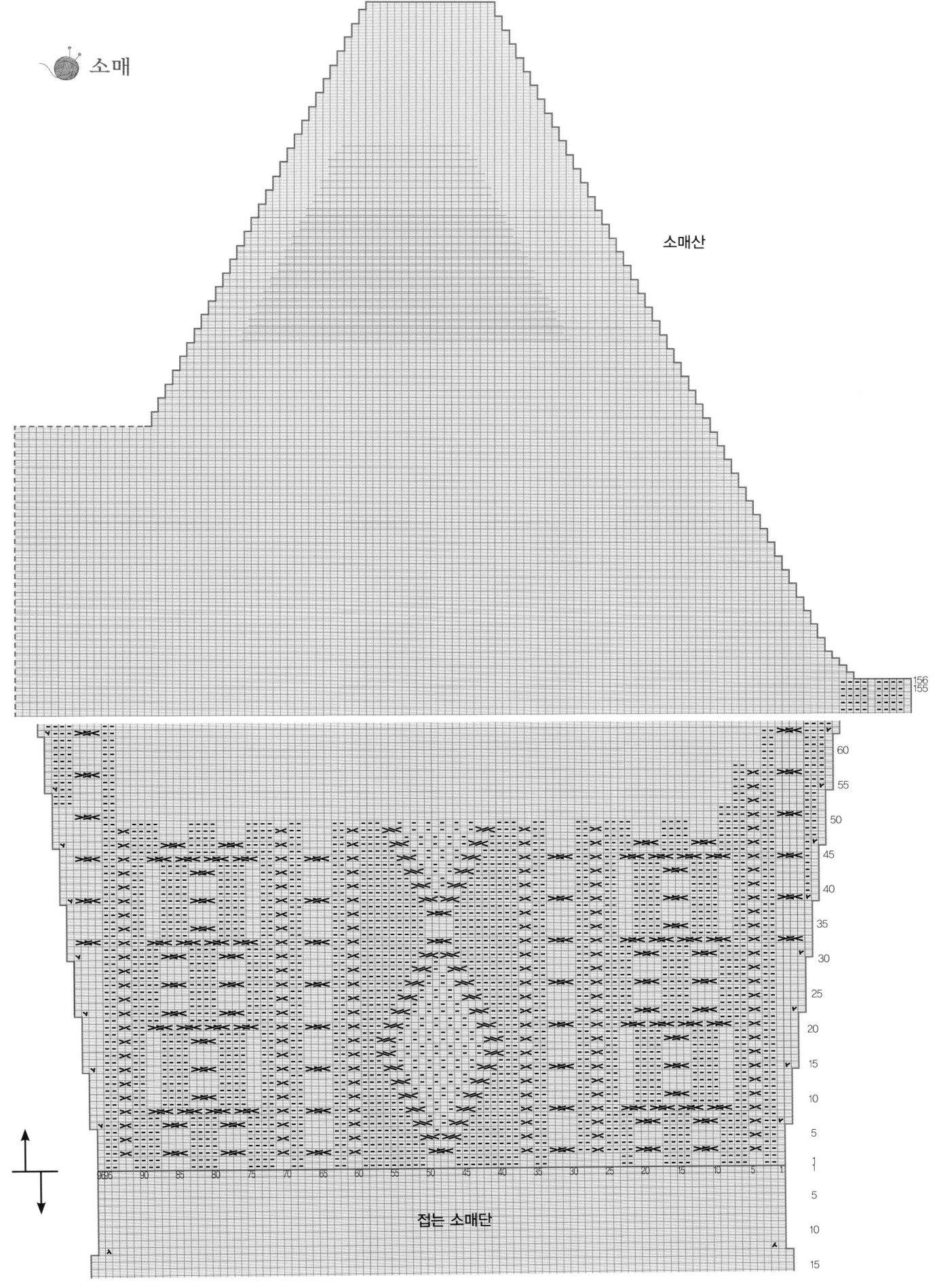

완성 치수
105 size

재료와 도구
실 · 순모 중세사 (검은색)
바늘 · 2.5mm 대바늘, 3.5mm 대바늘,
돗바늘, 코바늘 3호
부속품 · 지퍼, 주머니용 안감 조금

검은색 남성 점퍼
Black gentlemen's jumper

1. 목 칼라는 4코 꼬아뜨기로 넓게 떠서 반으로 접어 터들목을 만든다.   2. 몸판과 소매산의 단수를 같게 하여 돗바늘로 붙인다.
3. 앞 중심단에 속단을 덧대 주고 지퍼를 단다.   4. 소매단에는 단추 2개를 달아 장식한다. 주머니는 입구만 만들고 속은 천으로 만들어 단다.

검은색 남성 점퍼
Black gentlemen's jumper

 뜨는 방법

【뒤판】

❶ 2.5mm 대바늘을 이용하여 흔들코 143코 시작코를 만들어 1코 고무뜨기로 30단을 뜬다.

❷ ❶을 뜬 후 3.5mm 대바늘로 바꾸고 174코가 되게 늘려 무늬뜨기 120단을 뜬 다음 소매 둘레를 만드는데 8코 막음한 뒤 1단마다 양옆 가장자리에서 1코씩 줄이기 16회 하고 2단마다 양옆 가장자리에서 1코씩 줄이기 23회 하여 마지막 콧수가 48코가 되게 한 후 막음코로 마무리한다.

【앞판】

❶ 2.5mm 대바늘을 이용해 흔들코 91코 시작코를 만들어 1코 고무뜨기로 30단을 뜬다.

❷ ❶을 뜬 후 3.5mm 대바늘로 바꾸고 98코가 되게 늘려 무늬뜨기 30단을 뜬 뒤 주머니 입구를 만드는데 옆구리 쪽으로 24코를 남긴 74코만 무늬뜨기 40단 뜨고, 2.5mm 대바늘로 41코를 주어 1코 고무뜨기 14단 뜬 뒤 돗바늘로 마무리한다.

❸ 24코 남긴 부분과 주머니 입구단과 붙인 후 40단을 뜬 뒤 나머지 주머니 입구단과 붙여 먼저 무늬뜨기했던 부분과 연결해서 50단 더 무늬뜨기한다.

❹ ❸까지 완성되면 소매 둘레를 만드는데, 8코 막음한 뒤 2단마다 옆구리 쪽으로 1코 줄이기 30회 하고 앞 중심에서 목둘레를 만드는데 8코 막음하고 2단마다 4코, 3코, 2코, 1코-14회를 하는데 소매 둘레 쪽도 2단마다 1코씩 줄이기를 계속해서 48회까지 하여 모든 코를 소멸시킨 후 마무리한다.

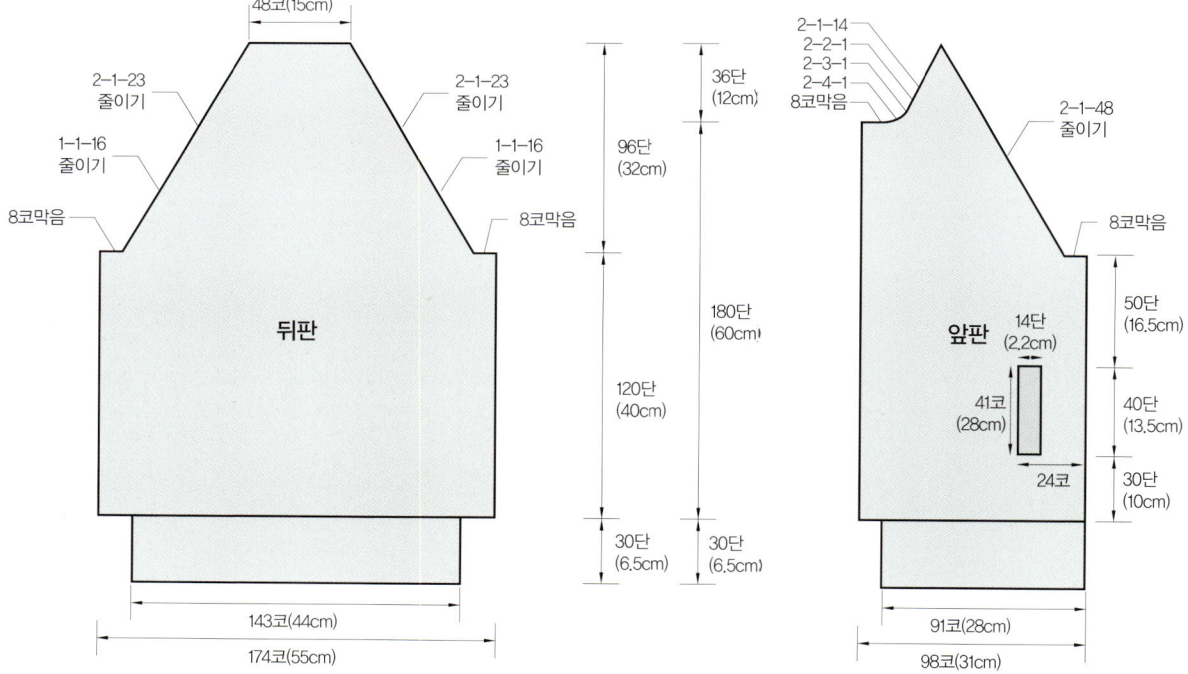

뒤판

소매 둘레

앞판

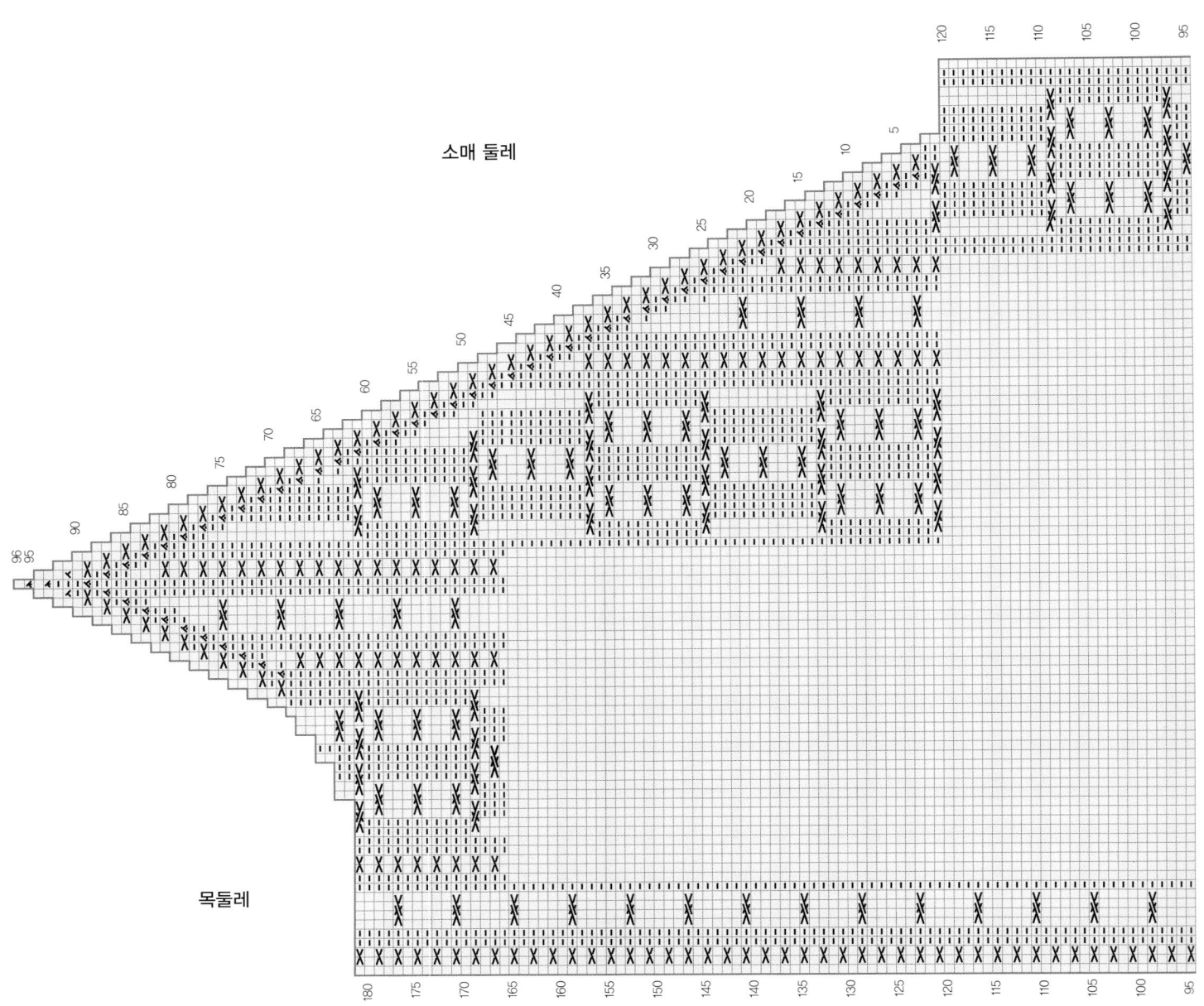

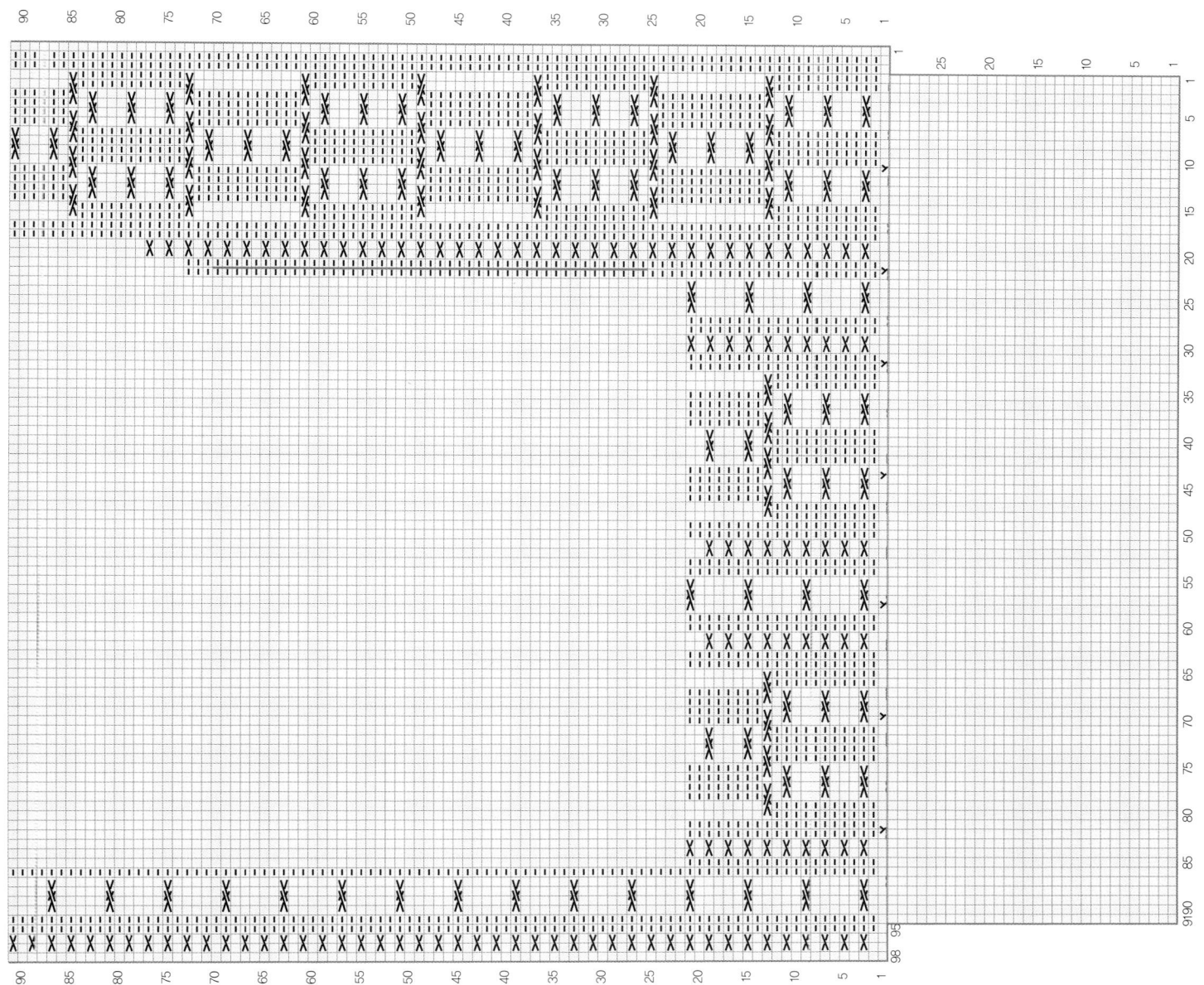

뜨는 방법

【소매】

① 2.5mm 대바늘을 이용해 흔들코 63코 시작코를 만들어 1코 고무뜨기로 30단을 뜬다.

② ①을 뜨고 난 후 3.5mm 대바늘로 바꾸고 94코가 되게 늘려 무늬뜨기 134단 뜨는 동안 8단마다 양옆 가장자리에서 1코씩 늘리기 16회를 한다.

③ ②까지 뜨고 나면 소매산을 만드는데 8코 막음한 뒤 2단마다 양옆 가장자리에서 1코씩 줄이기 46회 하여 18코가 되게 한 후 4단 더 뜨고 막음코로 마무리한다.

【단 뜨기】

① 앞·뒤판 소매가 다 되면 돗바늘로 붙여 몸판을 완성한 후 목코 138코를 주어 54단을 꼬아뜨기 무늬로 뜨고 반으로 접어 목단 시작 부분에 감침질해서 붙인다.

② 앞 중심 부분 단들은 코바늘로 되돌아뜨기해서 장식 마무리한다.

③ 속단은 10코를 3.5mm 대바늘로 시작해 180단 메리야스뜨기 2장을 떠서 지퍼 달 앞 중심선에 맞추어 돗바늘로 붙인다.

④ 속단까지 붙인 후 주머니 안감을 붙여주고 앞 중심에 지퍼를 달아준다.

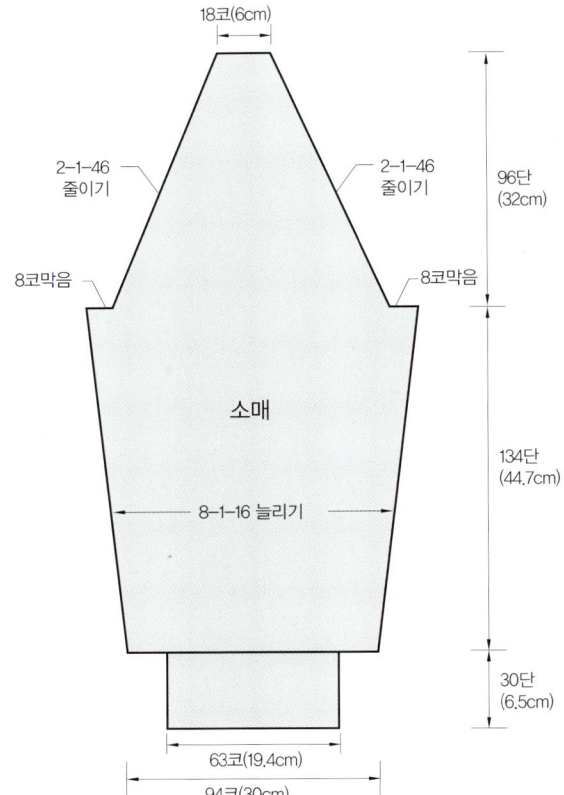

● 무늬뜨기 (32코 24단 1무늬)

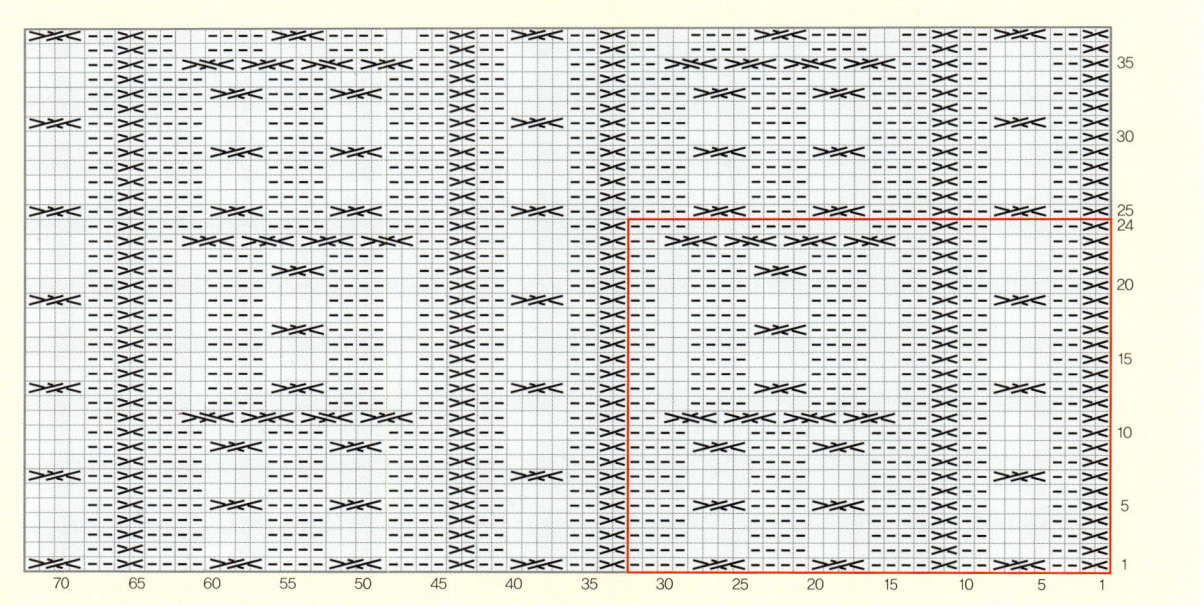

소매

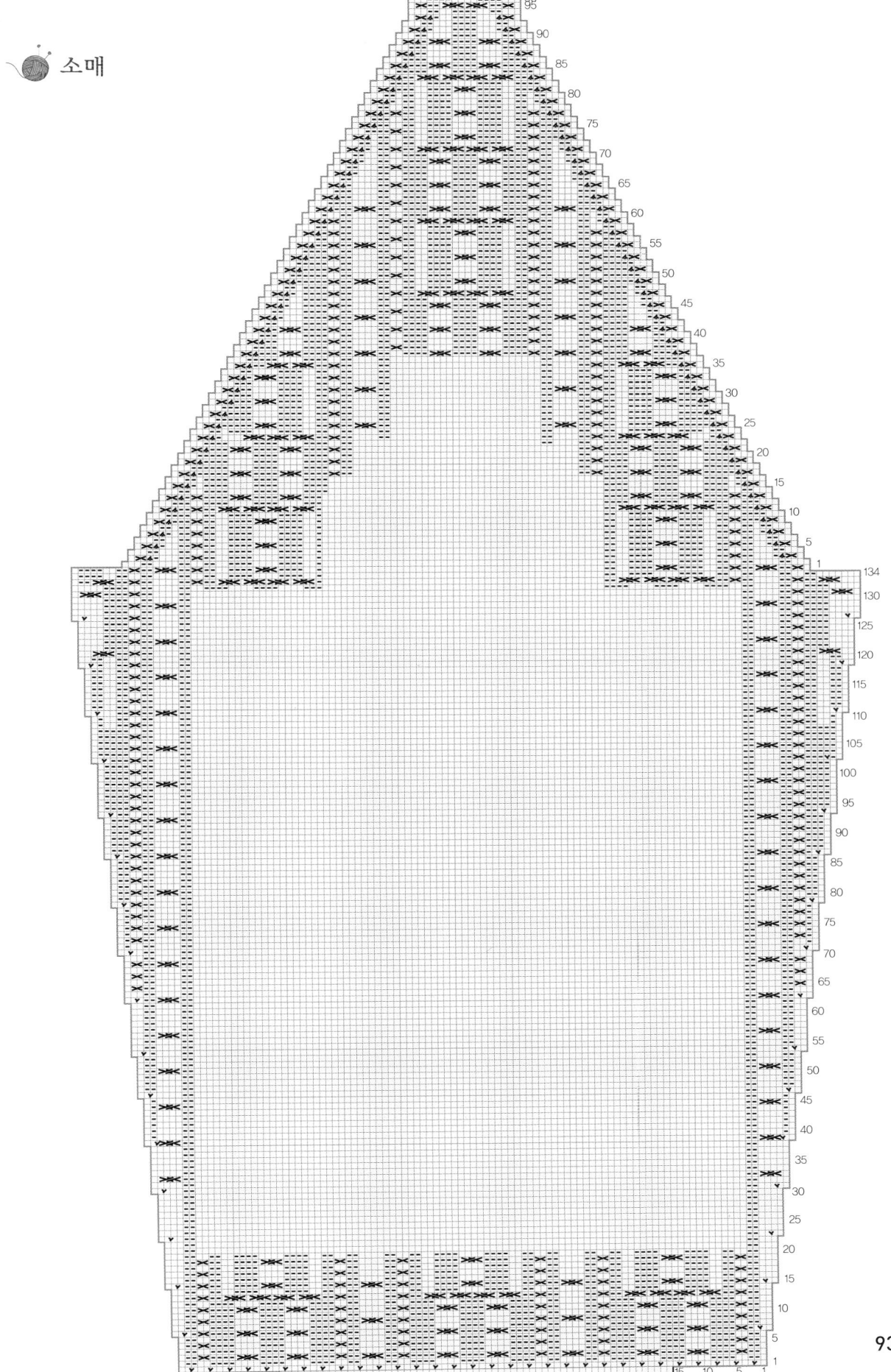

완성 치수
66 size

재료와 도구
실 · 퀸(자주색)
바늘 · 8mm 줄바늘, 4mm 줄바늘, 코바늘 10호, 돗바늘
부속품 · 단추 4개

자주색 재킷
The purple jacket

   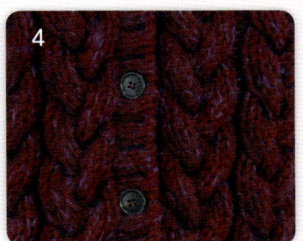

1. 차이니스 칼라 모양의 손뜨개 2. 소매 끝단은 코바늘로 되돌아짧은뜨기 한다.
3. 몸판 앞 중심단은 2코 고무뜨기하고, 밑단은 코바늘로 되돌아짧은뜨기 한다. 4. 몸판 무늬뜨기

자주색 재킷
The purple jacket

 **뜨는 방법**

① 뒤판은 8mm 줄바늘에 88코를 만들어 무늬뜨기 A를 42단 뜬다.

② ①이 끝나면 소매 둘레를 만드는데 5코 막음한 뒤 2단마다 3코, 2코-2회, 1코-2회 순으로 줄이고 32단을 더 뜨고 마친다.

③ 앞판은 뒤판을 반으로 나눠 오른쪽, 왼쪽을 만드는데 44코를 42단이 되게 뜨고 소매 둘레를 만드는데 5코 막음한 뒤 2단마다 3코, 2코-2회, 1코-2회 순으로 줄인다.

④ ③이 끝나면 12단을 더 뜬 뒤 앞 목을 만드는데 5코 막음한 후 2단마다 3코, 2코, 1코-2회 순으로 줄여 어깨코가 19코가 되게 한다.

⑤ ④까지 모두 끝나면 뒤판 어깨와 맞대어 붙이고, 돗바늘로 양옆을 붙인다.

⑥ 4mm 줄바늘로 앞 중심단 부분에 각각 70코를 주어 2코 고무뜨기 5단을 뜨고 돗바늘로 마무리한다. 단, 오른쪽 단 부분에는 2코 고무뜨기하면서 단추구멍을 4개 만든다.

⑦ 소매는 8mm 줄바늘로 44코를 만들어 무늬뜨기 A를 하는데 8단마다 양옆 가장자리에 1코씩 늘리기 7회 하며 64단까지 뜨고, 소매산을 만드는데 3코 막음한 뒤 2단마다 3코-2회, 2코, 1코-5회, 2코, 3코 순으로 줄인 뒤 남는 코는 막음 처리하고 마친다.

⑧ ⑦의 소매뜨기를 한 장 더 떠서 소매통을 돗바늘로 붙인 다음, 몸판에 소매를 붙인다.

⑨ 목단은 8mm 줄바늘로 66코를 주어 무늬뜨기 A를 32단 뜨고 반으로 접어 돗바늘로 목단 시작 부분에 감침질해서 붙인다.

⑩ 목단 옆 솔기 트인 부분은 돗바늘로 붙여 마무리하고, 밑단과 소매 부리단은 코바늘 10호로 되돌아짧은뜨기로 장식 마무리한다.

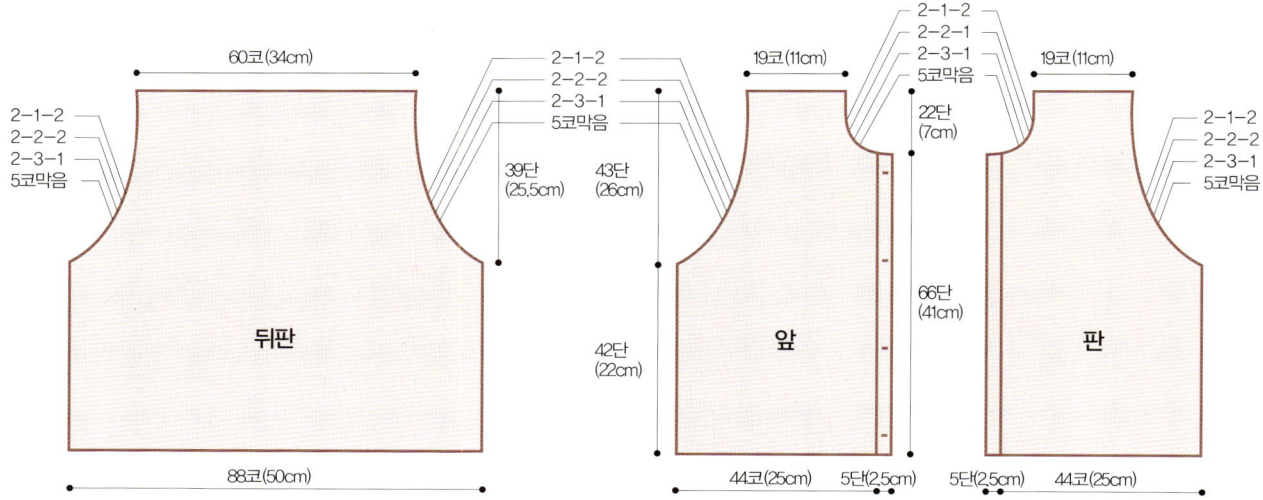

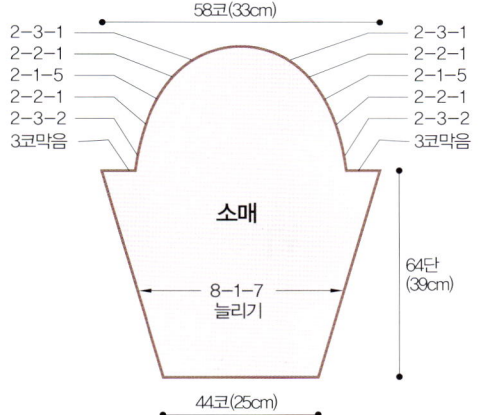

무늬뜨기 A (11코 8단 1무늬)

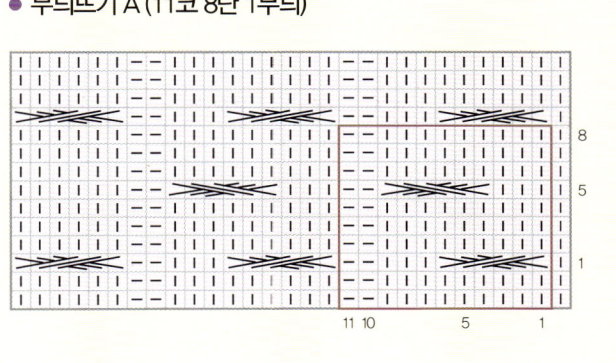

뒷판

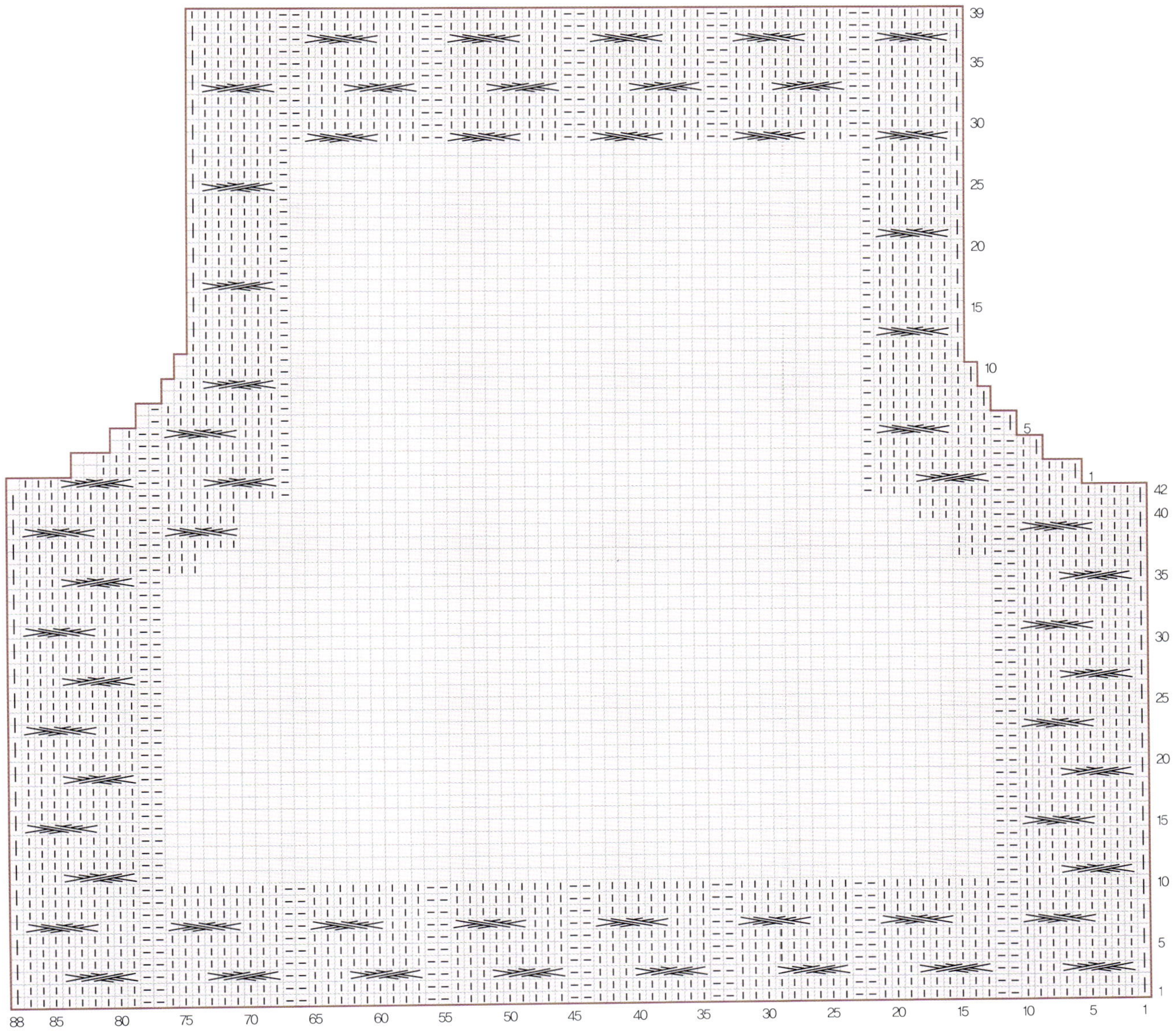

앞판

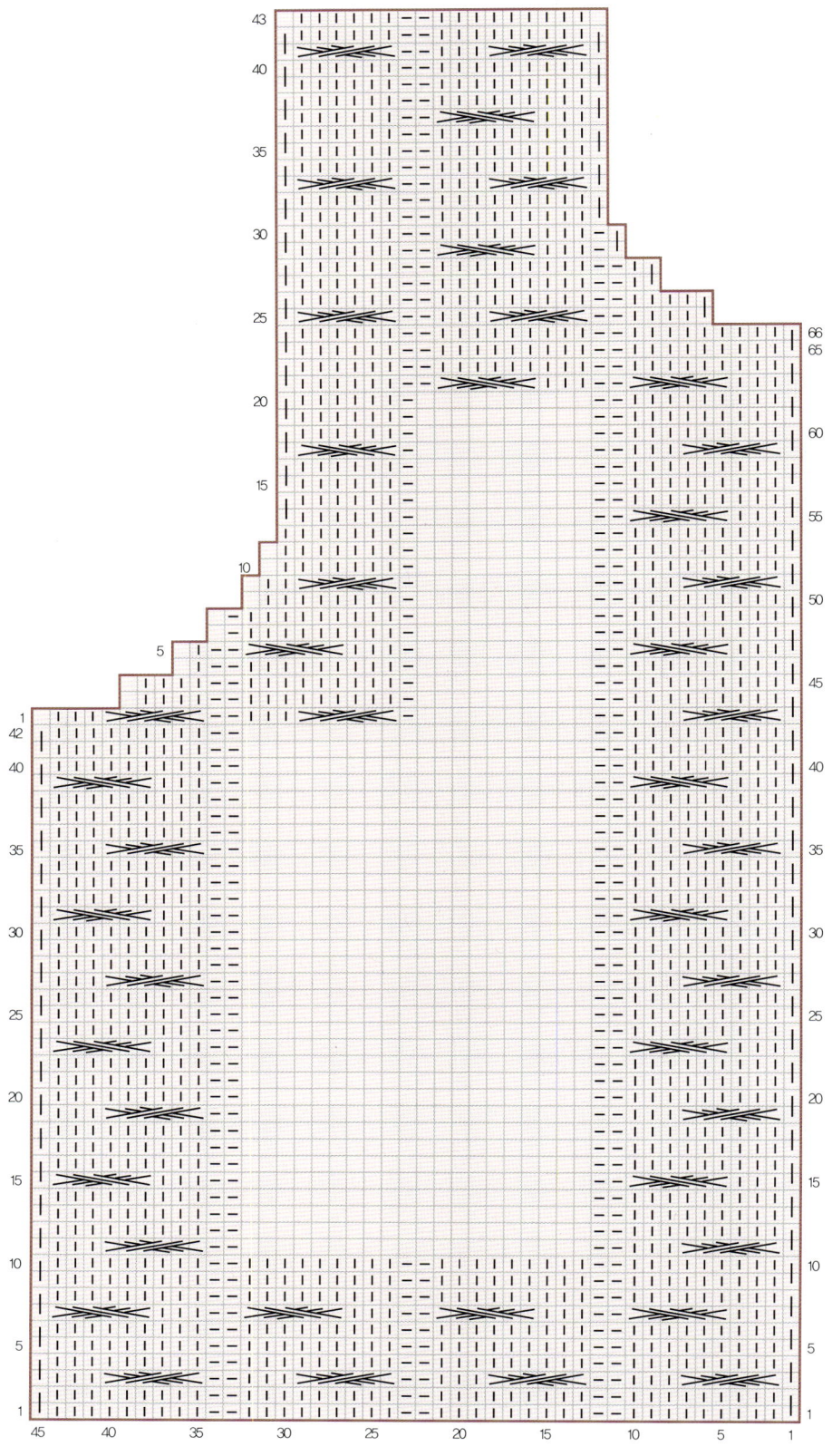

 소매

 칼라

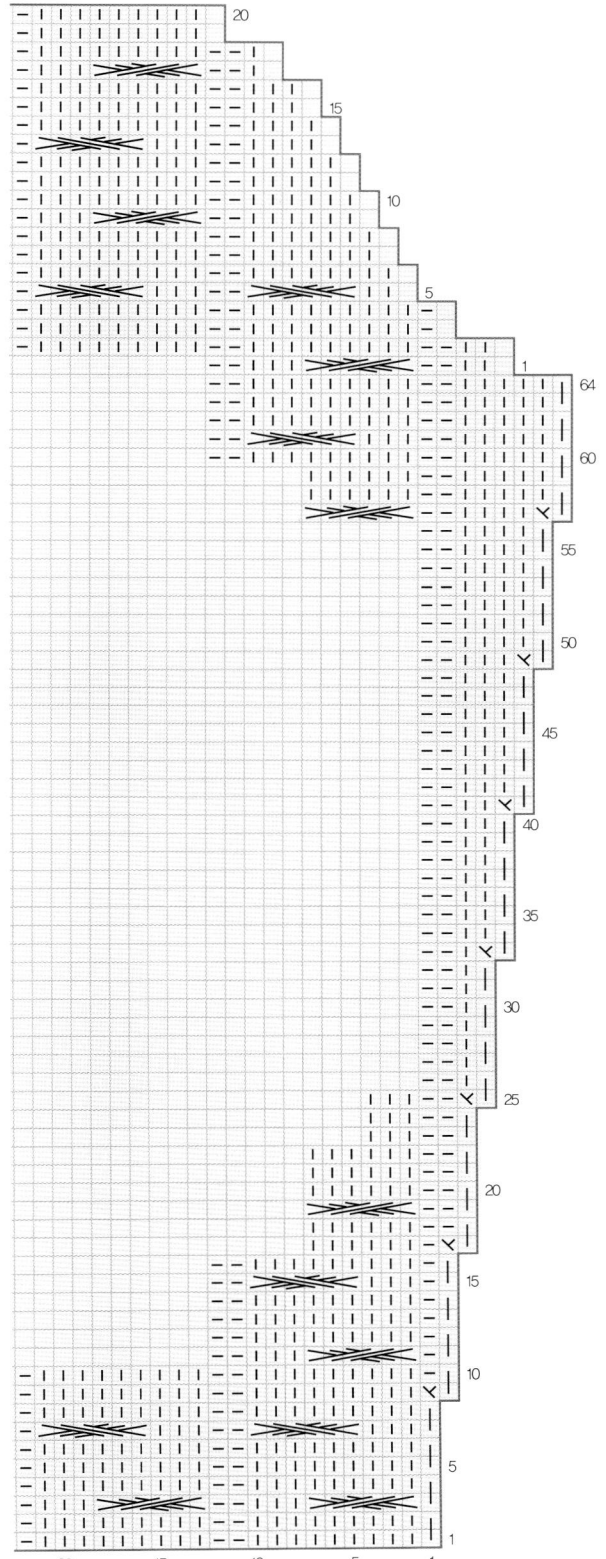

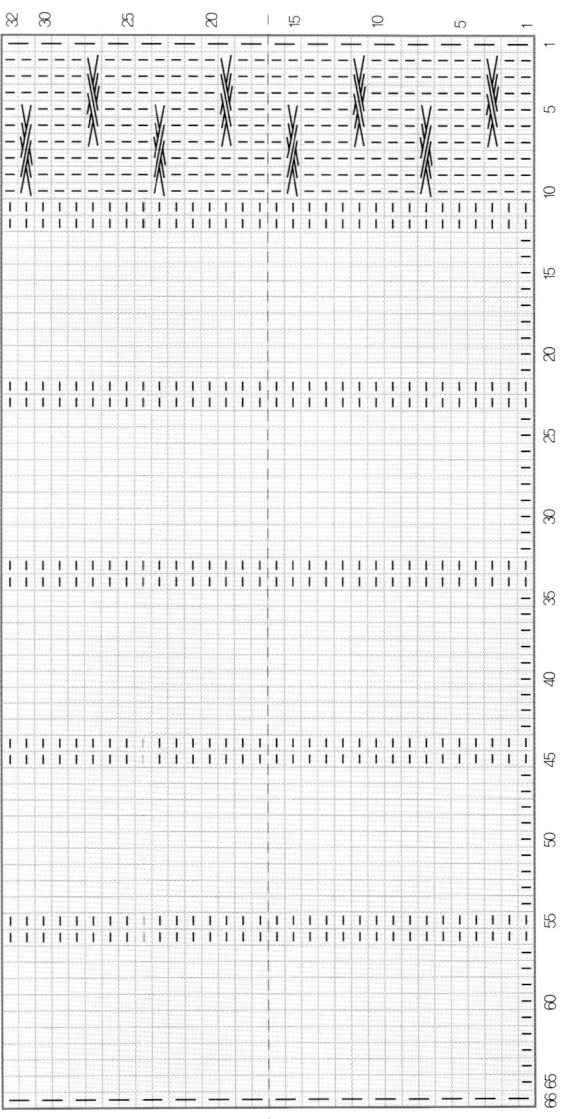

완성 치수
66~77 size

재료와 도구
실 • 수리알파카(카키색)
바늘 • 3.5mm 줄바늘, 4mm 줄바늘, 코바늘 5호, 돗바늘
부속품 • 지퍼 1개, 풀어낼 실, 밑실

카키색 짚업 재킷
Khaki color zip-up jacket

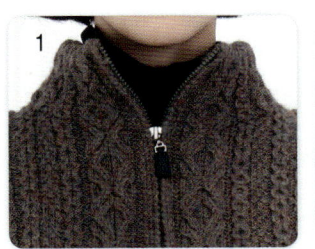 

1. 점퍼 스타일 스탠드 칼라로 된 상의
2. 몸판에 소매 달기

카키색 짚업 재킷
Khaki color zip-up jacket

 뜨는 방법

【뒤판】

❶ 3.5mm 줄바늘과 실을 사용하여 흔들코 126코를 만들어 무늬뜨기 A로 20단을 뜬다.

❷ 4mm 줄바늘로 바꾼 후 몸판 무늬뜨기를 도안 1을 참고하여 뜬다.

❸ 평8단을 무늬뜨기한 후 10단마다 1코씩 양옆 가장자리 줄이기를 5회 한다. 그리고 6단마다 1코씩 양옆 가장자리 늘리기를 5회 한다.

❹ 진동 둘레는 양옆 가장자리를 각각 12코 막음한 뒤 2단마다 4코, 3코, 2코, 1코 순으로 1회씩 줄여 86코를 만든다.

❺ 86코를 평52단 뜨고 양 어깨코 각 27코씩 평4단씩 더 뜬 후 마무리한다.

【앞판】

❶ 3.5mm 줄바늘과 실을 사용해서 흔들코 76코를 만들어 무늬뜨기 A로 20단을 뜬다.

❷ 4mm 줄바늘로 바꾼 후 몸판 무늬를 도안 2를 참고하여 뜬다.

❸ 평8단을 무늬뜨기한 후 10단마다 1코씩 한쪽 가장자리 줄이기를 5회 한다. 그리고 코 줄임해 준 쪽에 줄인 콧수만큼 6단마다 1코씩 늘리기를 5회 한다.

❹ 진동 둘레는 ❸의 허리 라인 있는 쪽에 만드는데 먼저 12코 막음 뒤 2단마다 4코, 3코, 2코, 1코 순으로 1회씩 줄여 54코를 만든다.

❺ 54코를 평56단 뜨고 앞 목둘레를 만드는데 진동 둘레 만든 반대쪽에 17코 막음한 뒤 2단마다 4코, 3코, 2코, 1코 순으로 1회씩 줄여 27코를 만든 후 평12단을 뜬다.

❻ 앞판의 다른 한쪽은 ❶~❺까지 과정을 대칭적으로 작업해서 만든다.

❼ 앞·뒤판의 어깨는 마주 붙이고, 옆 솔기는 돗바늘로 꿰매 준다.

【칼라와 단 뜨기】

❶ 4mm 줄바늘과 실을 사용하여 목둘레코 142코를 주워 도안 3을 참고하여 무늬뜨기 51단을 뜨고 반으로 접어(안쪽 방향) 돗바늘로 감침질한다.

❷ 앞단은 4mm 줄바늘과 실을 사용해 오른쪽, 왼쪽 앞 중심코 179코를 각각 주워 이면뜨기 4단을 뜨고 돗바늘로 꿰매 준다.

❸ 3.5mm 줄바늘과 실로 기본코 10코를 만들어 메리야스뜨기 132단을 떠서 앞 중심단 안쪽에 바이어스로 대주고, 기본코 5코를 만들어 메리야스뜨기 120단을 떠서 목둘레 바이어스로 대어 늘어지고 처짐을 줄여 준다.

❹ 앞 중심단과 바이어스 사이에 지퍼를 달아 재킷을 완성한다.

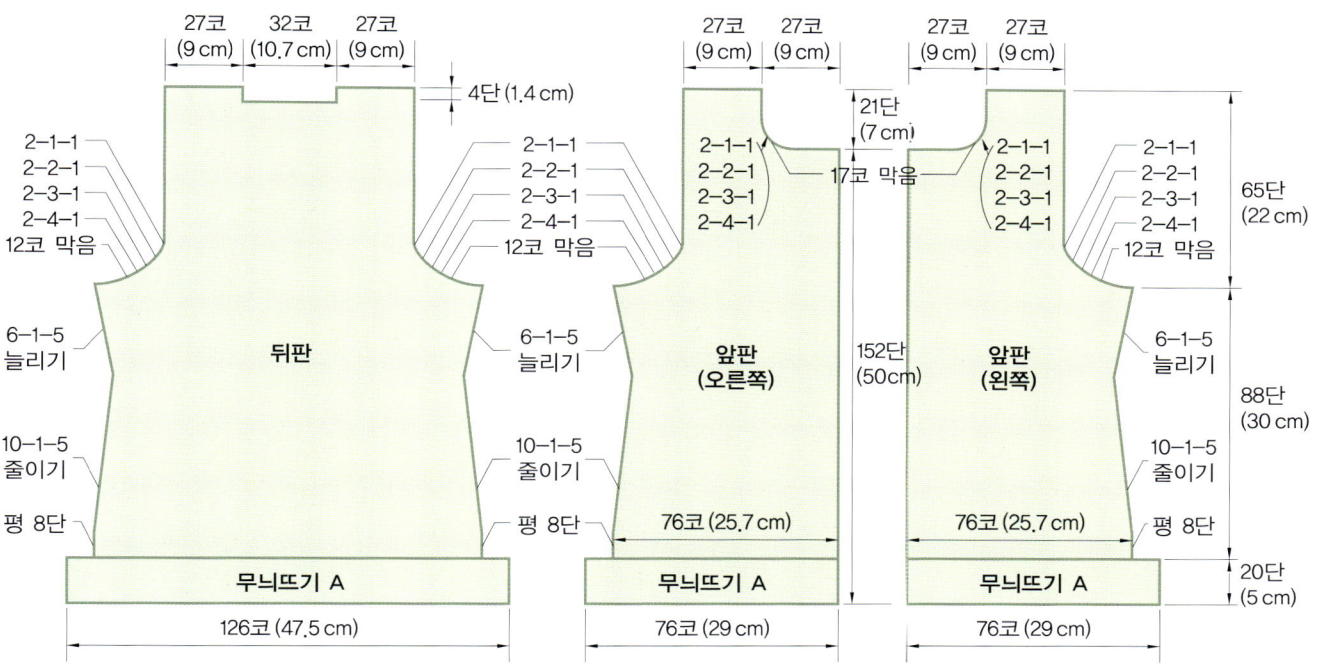

• 무늬뜨기 A (2코 2단 1무늬)

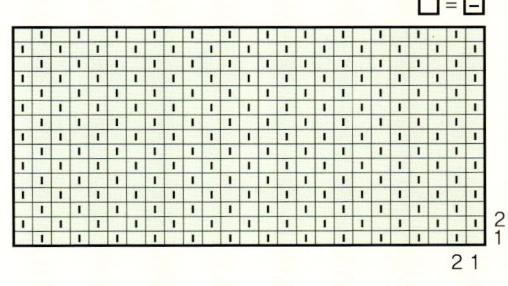

※ 무늬뜨기 A 게이지 (10×10)
 : 26.5코×40단

※ 몸판 무늬 게이지 (10×10)
 : 30코×28단

• 몸판 무늬 (20코 16단 1무늬)

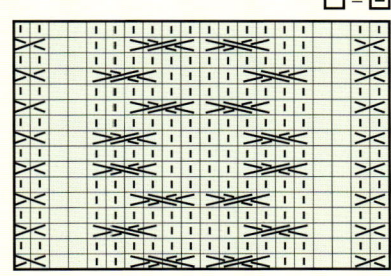

뒤판(도안 1)

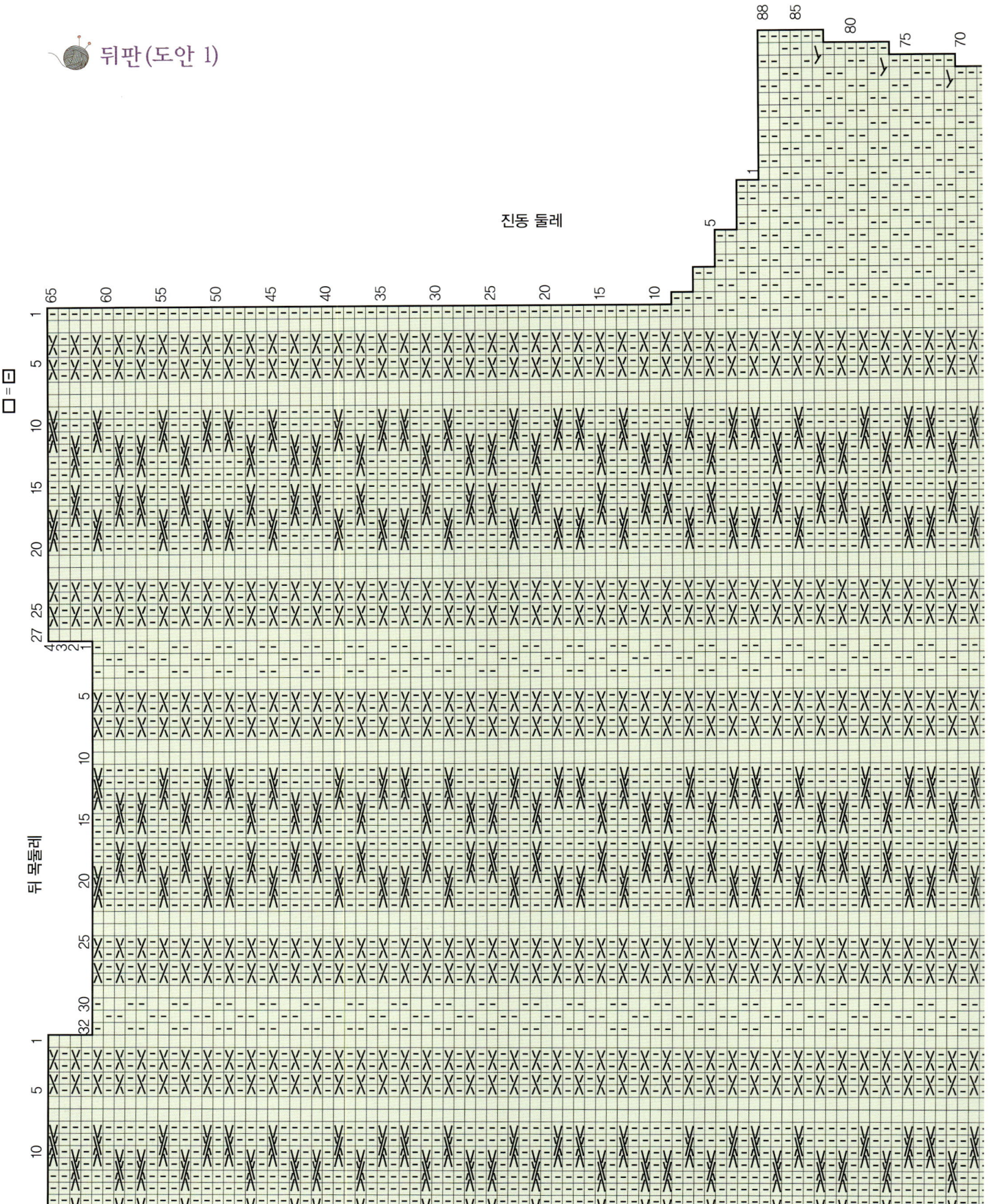

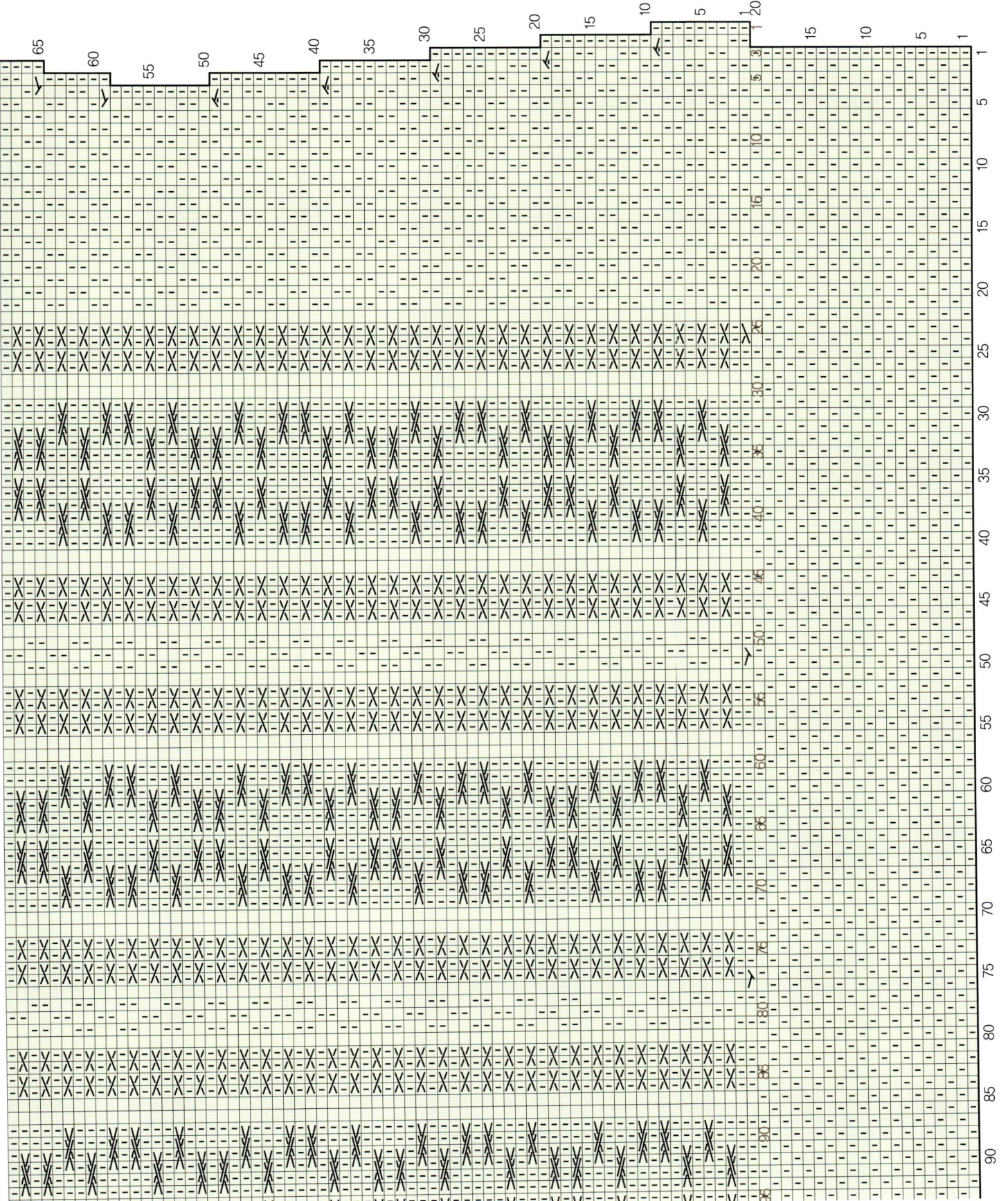

앞판(도안 2)

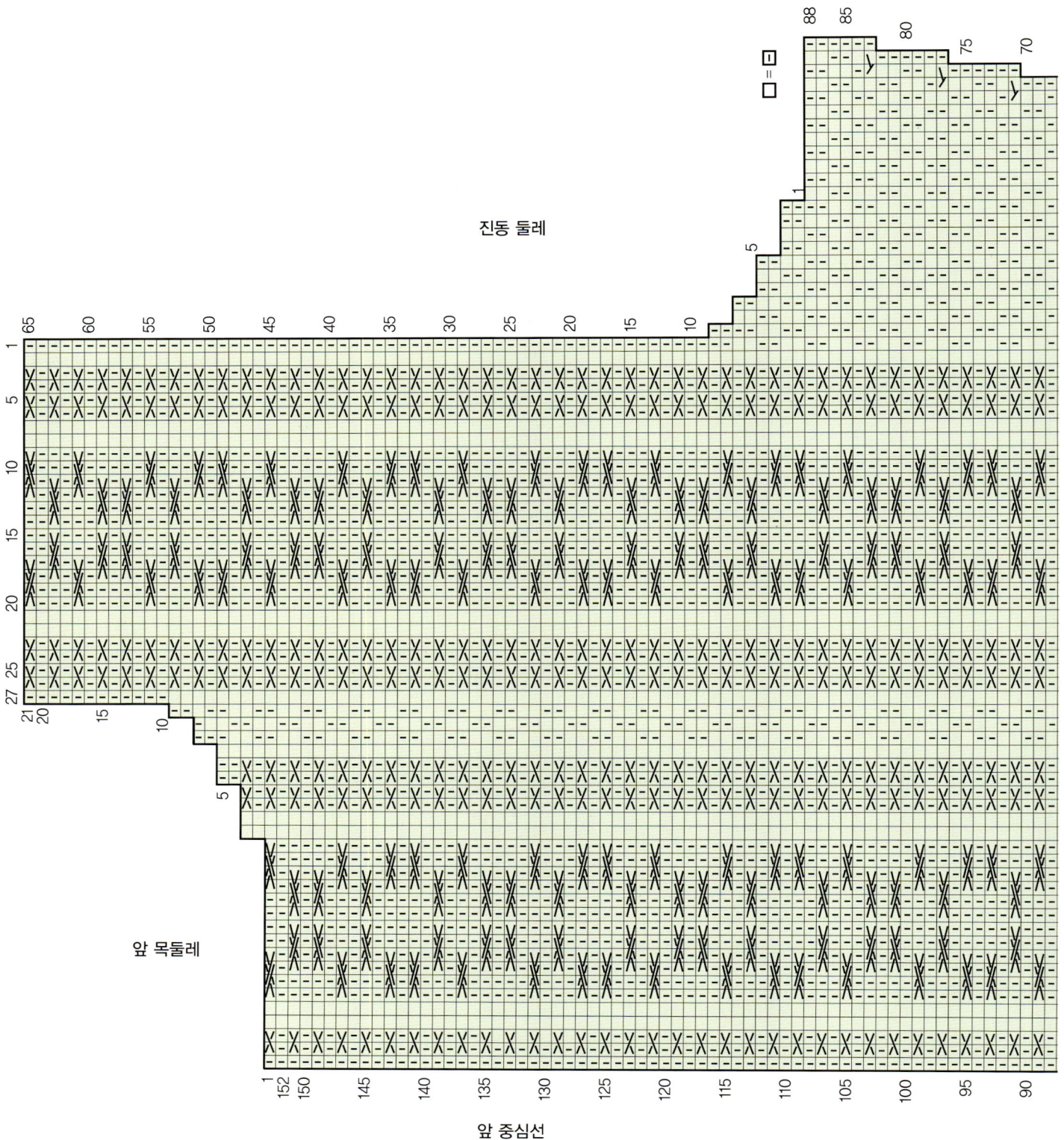

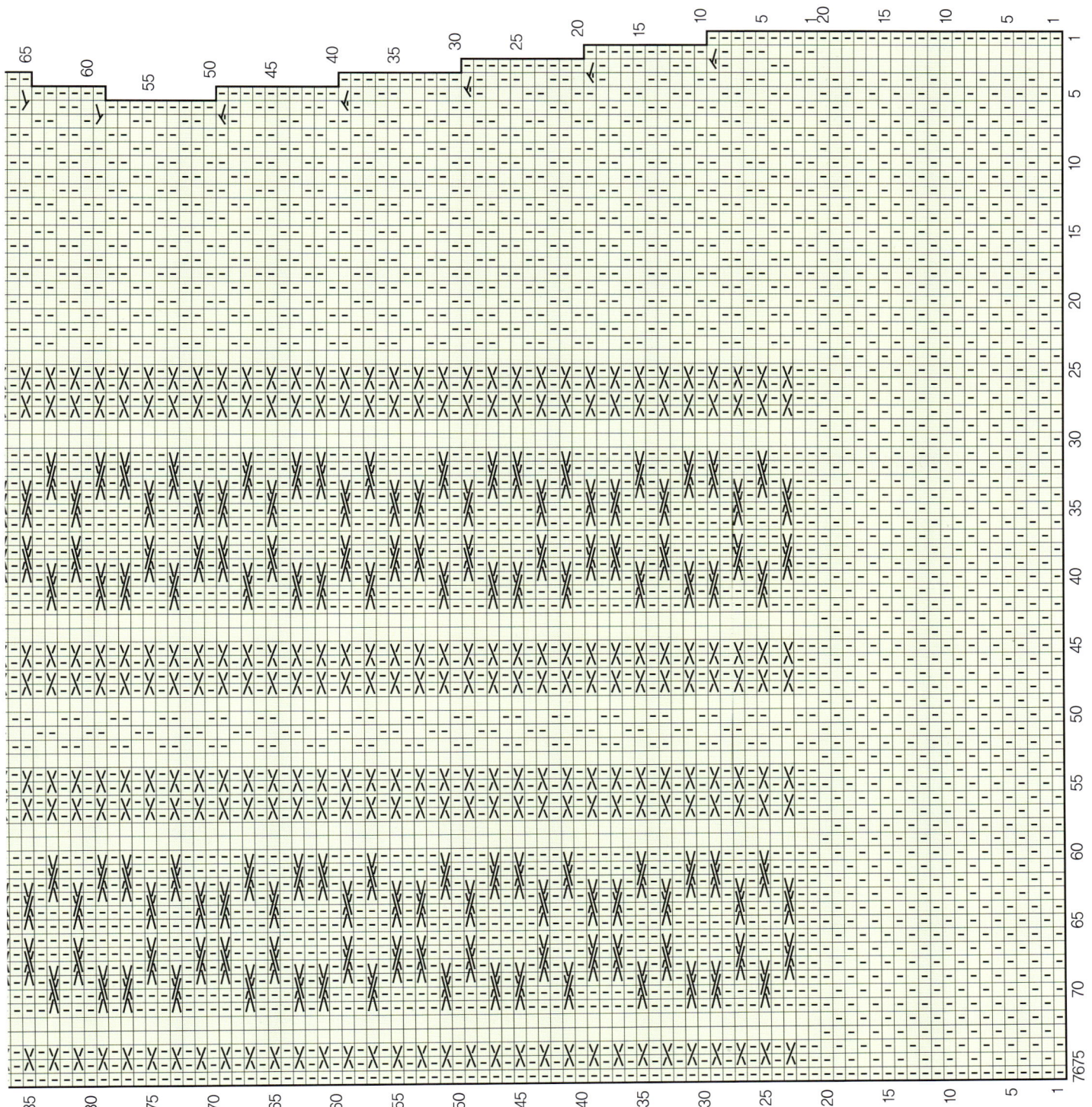

칼라(도안 3)

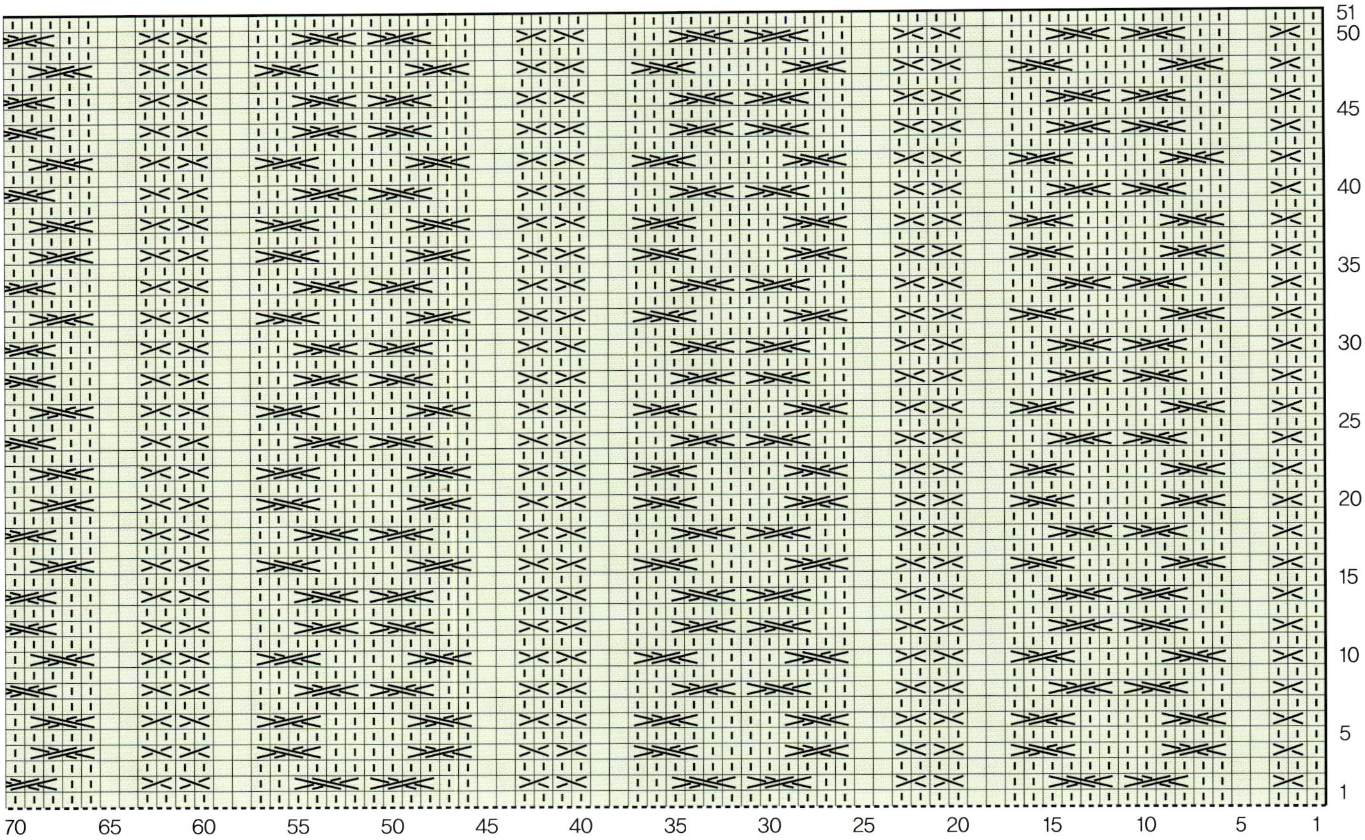

□ = ⊟

뜨는 방법

【재킷 소매】

❶ 3.5mm 줄바늘과 실을 사용해서 흔들코 53코를 만들어 무늬뜨기 A로 18단 뜬다.

❷ 4mm 줄바늘로 바꾼 후 53코를 60코가 되도록 7코를 늘려준다.

❸ 소매 무늬뜨기는 도안 4를 참고하여 뜬다.

❹ 평 6단 무늬뜨기 후 8단마다 양옆 가장자리를 1코씩 늘리기 14회를 하여 88코가 되도록 한다.

❺ 소매산은 양옆 가장자리를 각각 10코 막음 뒤 2단마다 3코, 2코, 1코-12회, 2코, 3코 순으로 줄여주고 나머지 24코는 덮은 코로 마무리한다. 옆 솔기는 돗바늘로 꿰매 준다.

❻ 똑같이 한 장 더 떠서 몸판에 달아 준다.

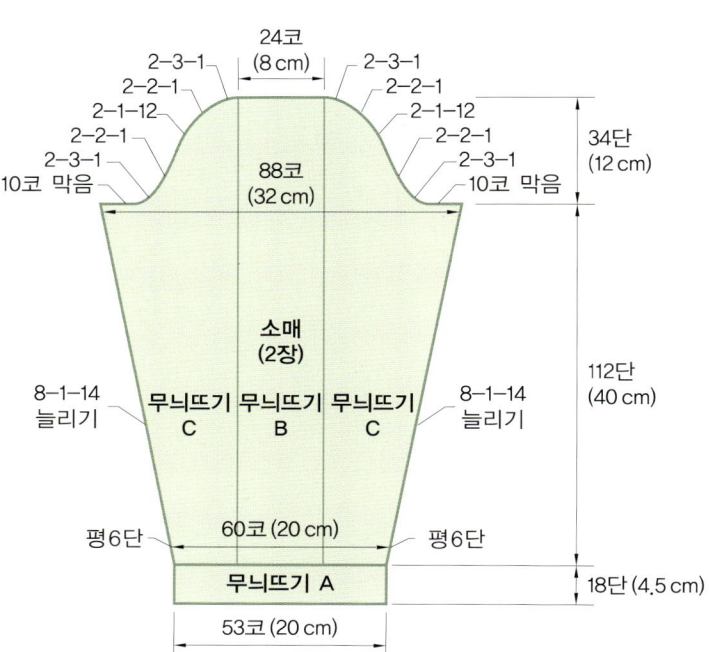

108

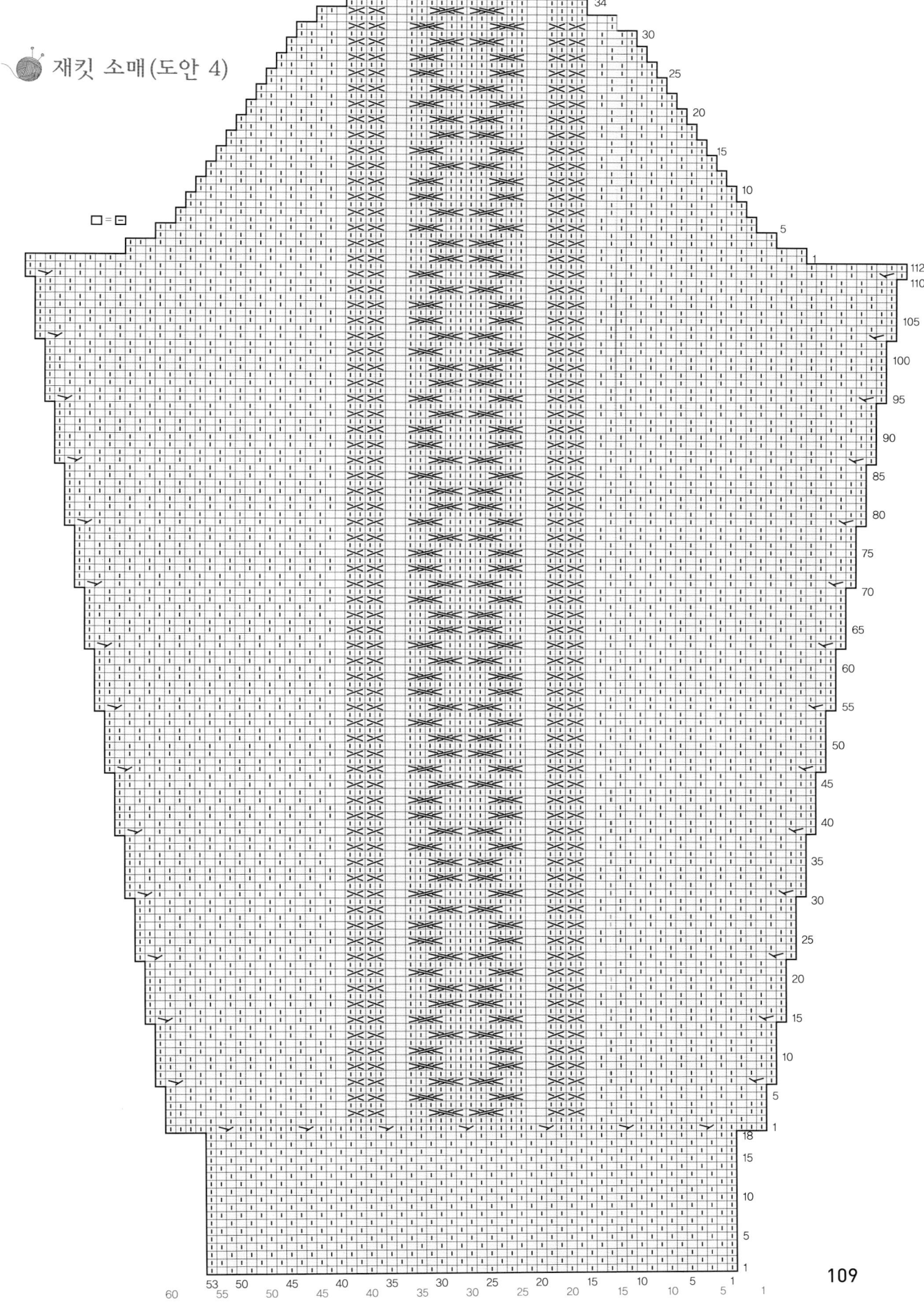

재킷 소매(도안 4)

완성 치수

가슴둘레 107cm, 길이 71cm, 소매길이 65cm

재료와 도구

실 • 순모 5p(아이보리)
바늘 • 줄바늘 3.5mm, 4.5mm, 돗바늘
부속품 • 밑실 조금, 지퍼 1개

아이보리 남자 폴라 셔츠
Ivory man's polar shirts

1. 집업 스탠드 칼라   2. 트레이닝 느낌의 밑단에 허리 조절끈   3. 기본 고무뜨기 소매 밑단

아이보리 남자 폴라 셔츠
Ivory man's polar shirts

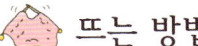 뜨는 방법

【뒤판】

❶ 밑실과 4.5mm 줄바늘로 기본코 170코를 만들어 본실을 걸고 도안 1을 참고해 무늬를 배치하고 무늬뜨기를 한다.
(무늬뜨기 A′+B+A+B+A+B+A″)

● 무늬뜨기 A (21코 18단 1무늬)

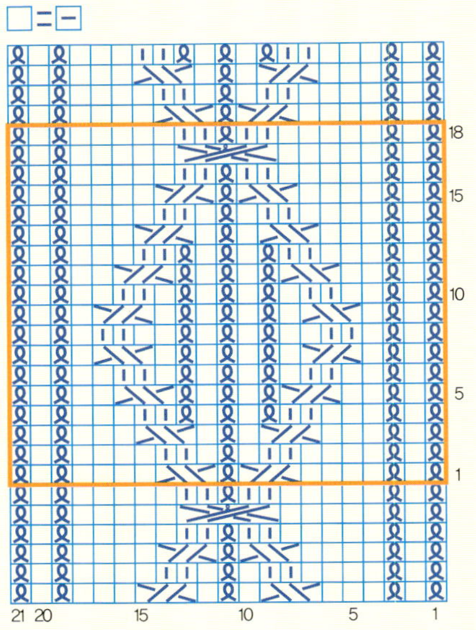

● 무늬뜨기 A′ (25코 18단 1무늬)

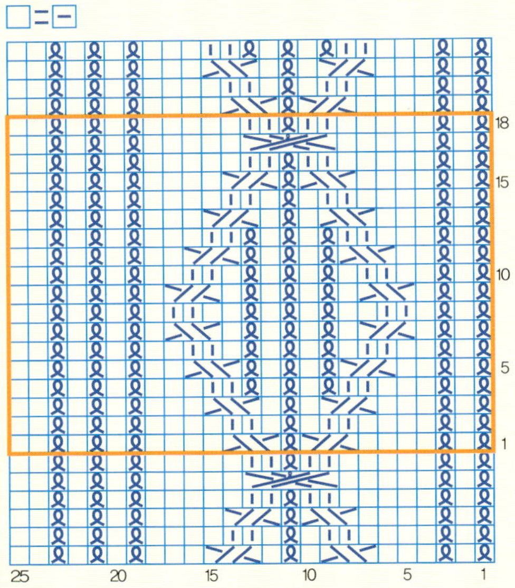

● 무늬뜨기 A″ (25코 18단 1무늬)

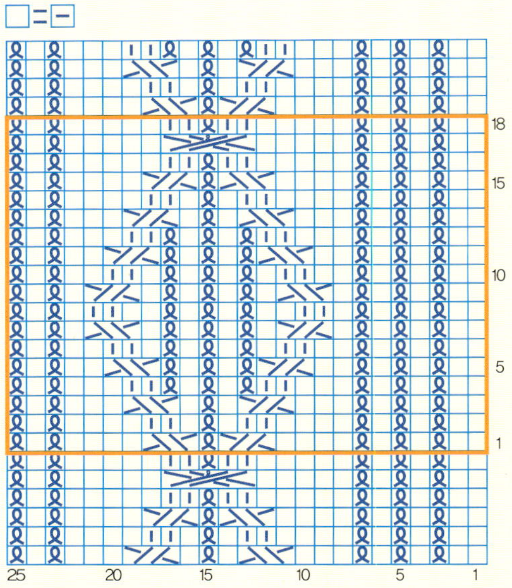

● 무늬뜨기 B (26코 8단 1무늬)

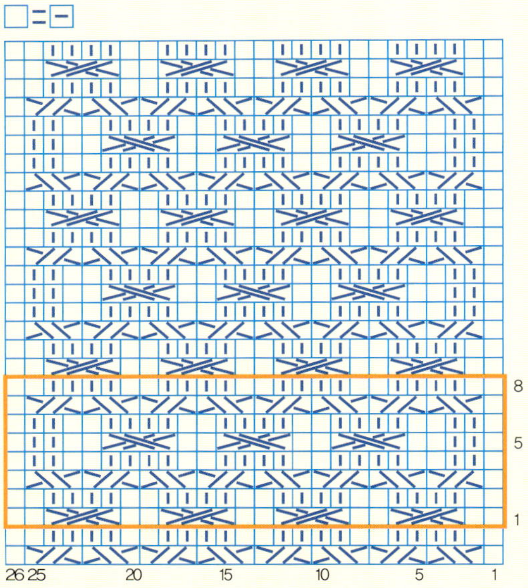

❷ 무늬뜨기로 130단을 뜨고 도안 1과 도안 2를 참고하여 진동 둘레 코 줄임을 한다.

❸ 뒤 목둘레는 무늬뜨기 전체 190단(진동 둘레 코 줄임 부분 60단)에서 양 어깨코 31코를 7단 더 뜨고 마친다.

【앞판】

❶ 시작은 뒤판 1과 동일하게 뜬다.

❷ 앞 목둘레는 무늬뜨기 110단째에서 2등분하여 중심 2코를 막음코로 해 두고 좌, 우 각각 무늬뜨기를 한다.

❸ 진동 둘레 코 줄임, 앞 목둘레 코 줄임은 도안 2를 참고하여 앞판을 완성한다.

【소매】

❶ 3.5mm 줄바늘을 이용해 흔들코 61코로 시작하여 1코 고무뜨기를 24단 뜬다.

❷ 4.5mm 줄바늘로 바꾸어 11코를 늘려 72코로 무늬뜨기를 한다.

❸ 소매는 도안 3을 참고하여 똑같이 2장을 뜬다.

❹ 옆 솔기를 이어 각각 몸판에 달아 준다.

【단】

❶ 밑단은 4.5mm 줄바늘로 앞, 뒤 전체에서 340코를 주워 메리야스뜨기로 18단을 뜨고 반으로 접어 안에서 감침질을 하고 밑실은 모두 풀어낸다.

❷ 앞 중심단은 4.5mm 줄바늘로 129코를 주워 1코 끌어 고무뜨기를 8단 뜨고 돗바늘로 마무리한다. 나중에 이곳에 지퍼를 달아 준다.

❸ 목단은 3.5mm 줄바늘로 목둘레 중심에서 각 8코씩 건너 93코를 줍고 1코 고무뜨기를 16단, 4.5mm 줄바늘로 바꿔 옆 솔기 부분까지 연장해 각 17코씩 주워 전체 127코를 1코 끌어 고무뜨기로 8단을 뜨고 돗바늘로 마무리한다.

 도안 1

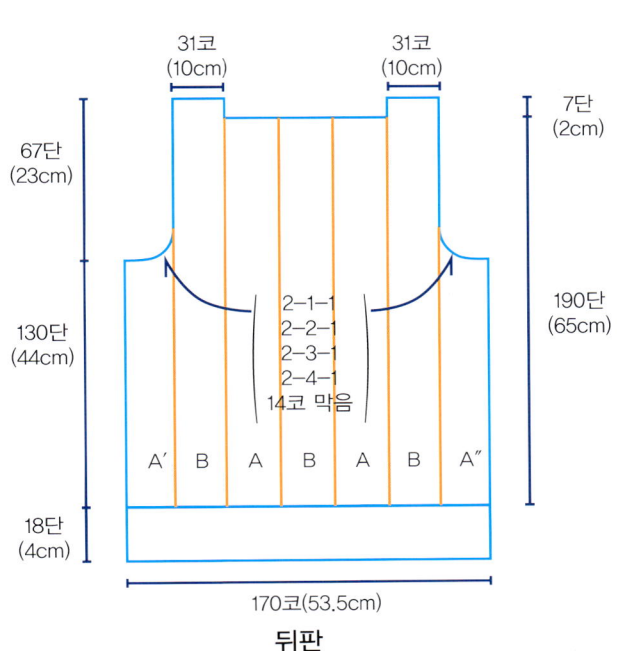

뒤판

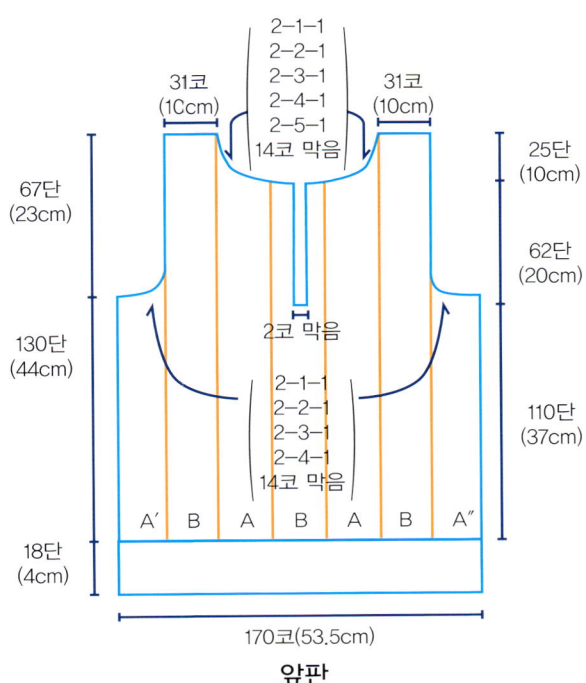

앞판

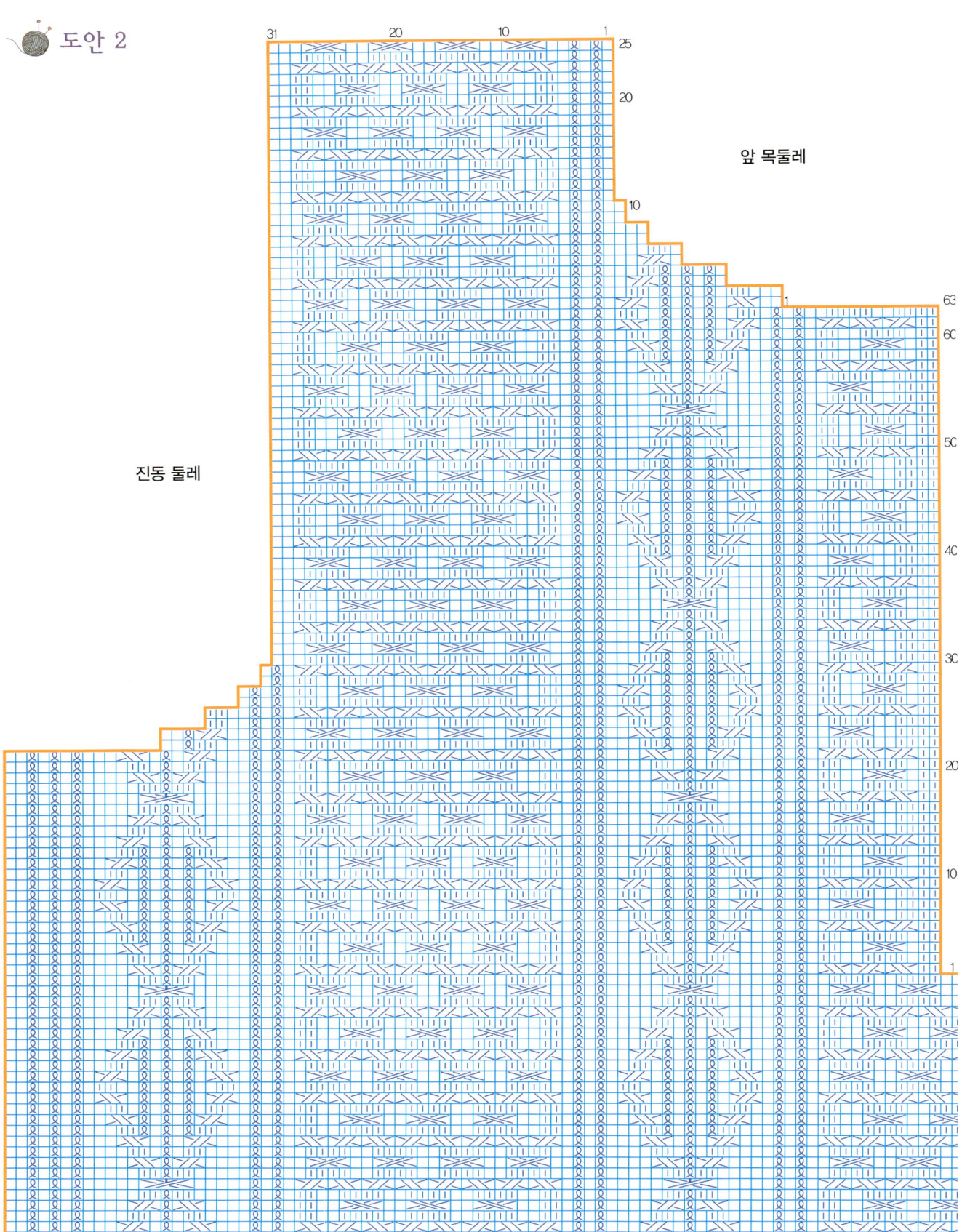

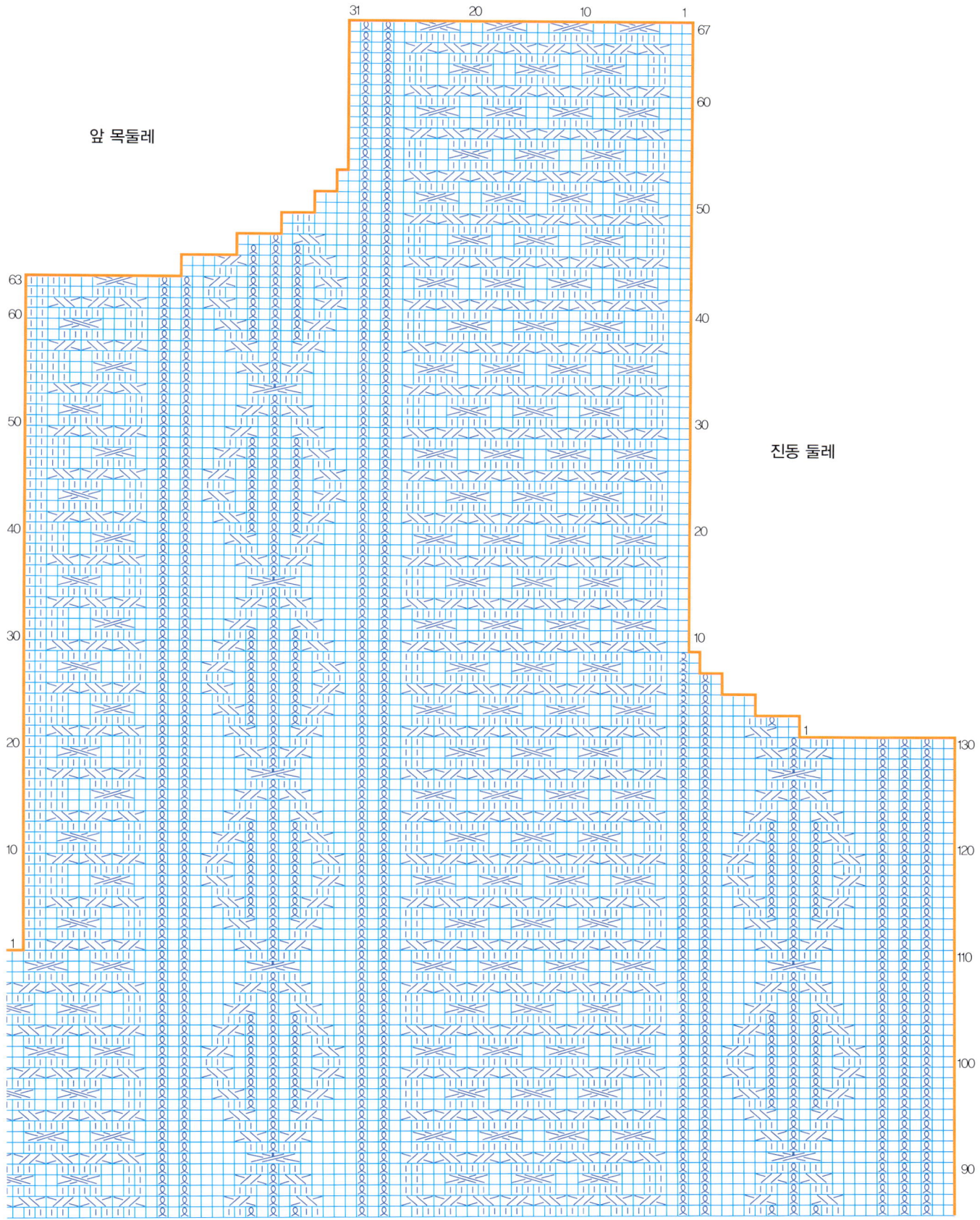

앞 목둘레

진동 둘레

도안 3

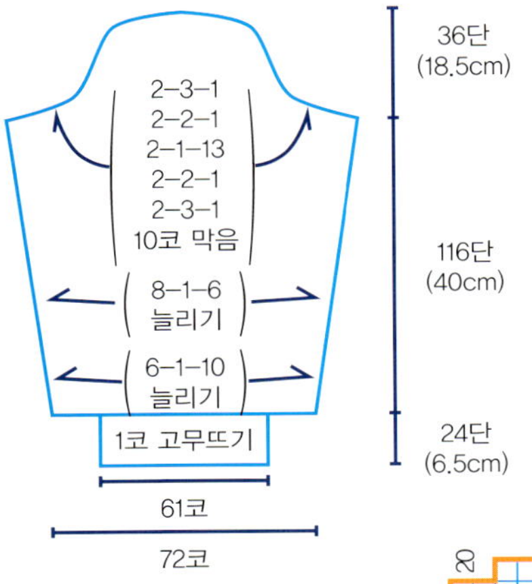

36단 (18.5cm)

2-3-1
2-2-1
2-1-13
2-2-1
2-3-1
10코 막음

116단 (40cm)

(8-1-6 늘리기)
(6-1-10 늘리기)

1코 고무뜨기

24단 (6.5cm)

61코
72코

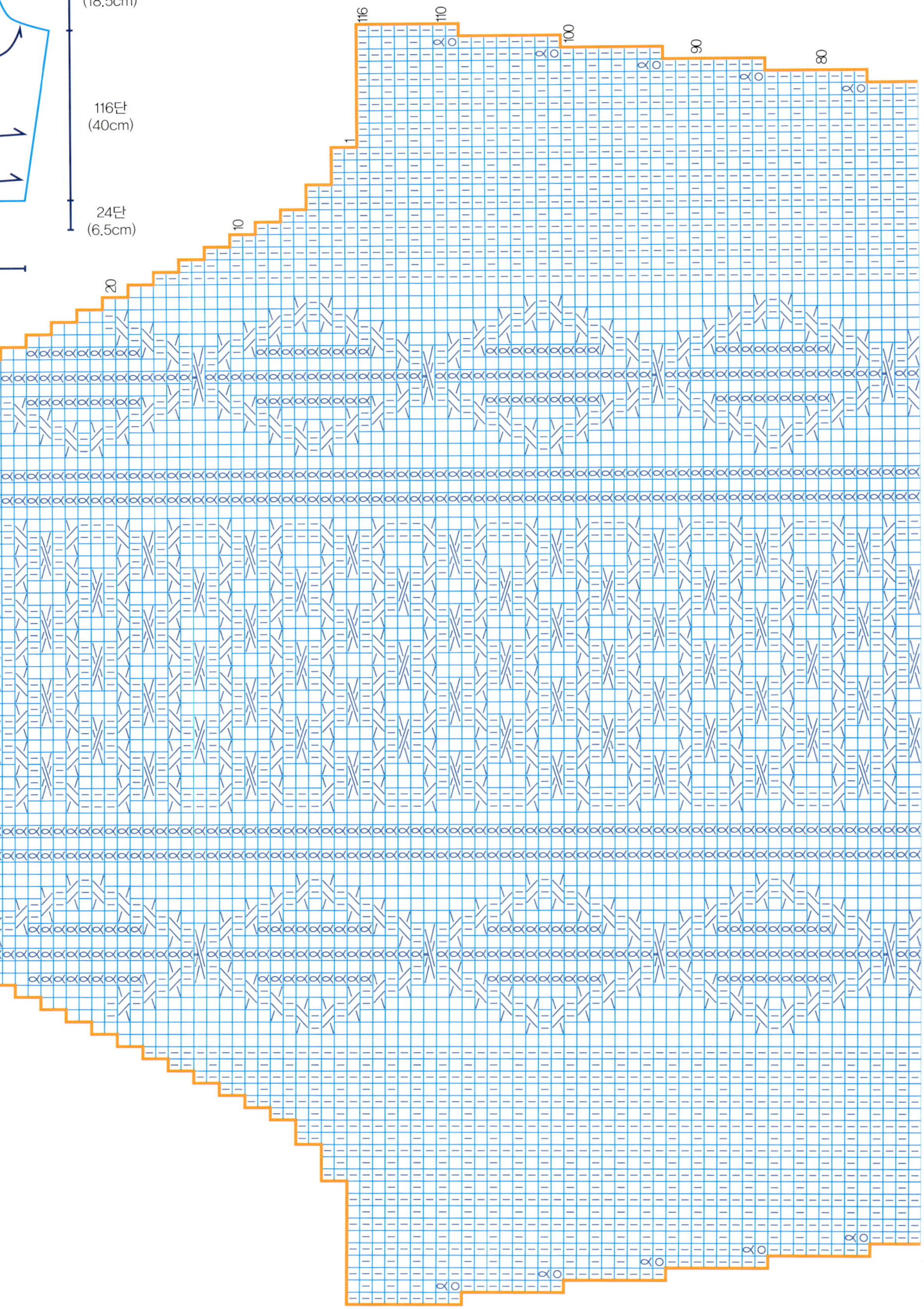

소매

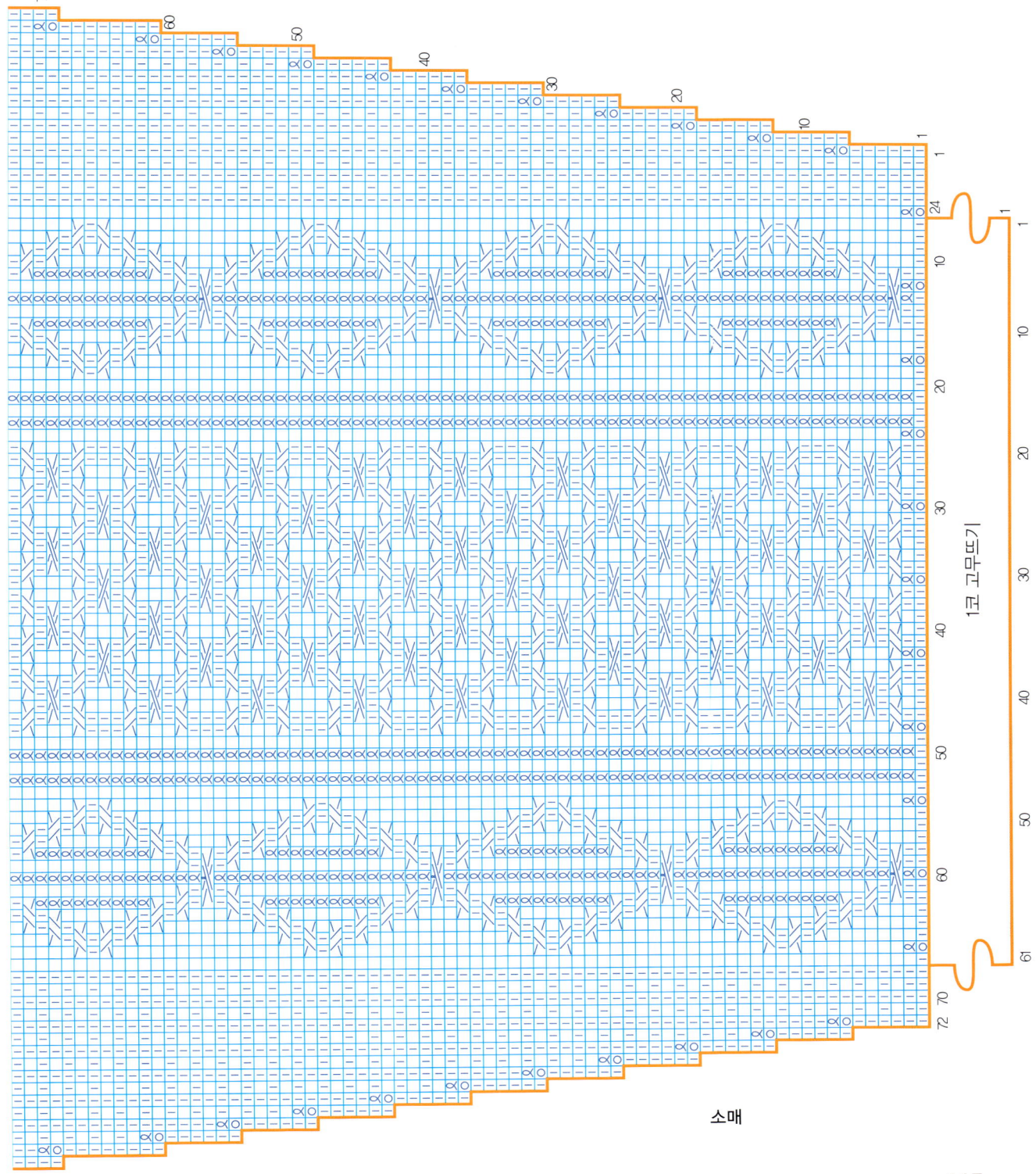

소매

손뜨개 캐주얼

2018년 6월 10일 인쇄
2018년 6월 15일 발행

저자 : 임현지
펴낸이 : 남상호

펴낸곳 : 도서출판 예신
www.yesin.co.kr

(우)04317 서울시 용산구 효창원로 64길 6
대표전화 : 704-4233, 팩스 : 335-1986
등록번호 : 제3-01365호(2002.4.18)

값 **14,000원**

ISBN : 978-89-5649-163-9

* 이 책에 실린 글이나 사진은 문서에 의한 출판사의
동의 없이 무단 전재·복제를 금합니다.